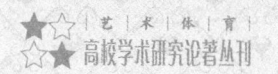

运动员科学训练与运动康复实践策略研究

乔媛媛 著

图书在版编目(CIP)数据

运动员科学训练与运动康复实践策略研究/乔媛媛著. -- 北京：中国书籍出版社, 2022.8
ISBN 978-7-5068-9154-7

Ⅰ.①运… Ⅱ.①乔… Ⅲ.①运动员-运动训练-研究②运动医学-康复医学-研究 Ⅳ.① G808.1 ② R87 ③ R49

中国版本图书馆 CIP 数据核字（2022）第 157285 号

运动员科学训练与运动康复实践策略研究

乔媛媛 著

丛书策划	谭 鹏 武 斌
责任编辑	杨铠瑞
责任印制	孙马飞 马 芝
封面设计	东方美迪
出版发行	中国书籍出版社
地 址	北京市丰台区三路居路 97 号（邮编：100073）
电 话	（010）52257143（总编室） （010）52257140（发行部）
电子邮箱	eo@chinabp.com.cn
经 销	全国新华书店
印 厂	三河市德贤弘印务有限公司
开 本	710 毫米 × 1000 毫米 1/16
字 数	198 千字
印 张	12.5
版 次	2023 年 3 月第 1 版
印 次	2023 年 5 月第 2 次印刷
书 号	ISBN 978-7-5068-9154-7
定 价	78.00 元

版权所有 翻印必究

目　录

第一章　运动员科学训练的学科理论基础 …………………… 1
- 第一节　运动生理学基础 ………………………………………… 1
- 第二节　运动心理学基础 ………………………………………… 7
- 第三节　运动训练学基础 ………………………………………… 12
- 第四节　运动营养学基础 ………………………………………… 18

第二章　运动员科学训练的机制、原理与方法 ……………… 24
- 第一节　运动员科学训练理念 …………………………………… 24
- 第二节　运动员科学训练的原理 ………………………………… 30
- 第三节　运动员科学训练的原则与方法 ………………………… 34
- 第四节　运动员科学训练计划的制订与实施 …………………… 48

第三章　运动员运动训练管理理论与方法 …………………… 55
- 第一节　运动训练管理的概念 …………………………………… 55
- 第二节　运动训练管理的原理、内容与方法 …………………… 56
- 第三节　运动训练管理系统的构建 ……………………………… 64
- 第四节　运动员运动训练管理与指导 …………………………… 67

第四章　运动员科学训练之体能训练指导 …………………… 78
- 第一节　体能训练概述 …………………………………………… 78
- 第二节　运动员基础体能训练指导 ……………………………… 84
- 第三节　运动员专项体能训练指导 ……………………………… 93

第五章　运动员科学训练之心理与智能训练指导 …………… 104
- 第一节　心理与智能训练概述 …………………………………… 104
- 第二节　运动员心理训练指导 …………………………………… 111
- 第三节　运动员智能训练指导 …………………………………… 124

第六章　运动员科学训练之技战术训练指导 127
第一节　技战术基本理论 127
第二节　运动员技术训练指导 134
第三节　运动员战术训练指导 143

第七章　运动员训练后的运动康复 150
第一节　运动康复的起源与发展 150
第二节　运动康复的特点与原则 152
第三节　运动康复的适应证与禁忌证 157
第四节　运动康复功能评定 159

第八章　运动康复技术及其实践指导 170
第一节　常用的运动康复手段 170
第二节　常见运动康复技术及应用 176
第三节　运动员运动疲劳的恢复 181
第四节　运动员运动伤病的处理 187

参考文献 192

第一章 运动员科学训练的学科理论基础

运动员科学训练的学科理论基础是构建运动员训练理论体系的基石,是指导运动员科学训练实践的基础理论,是开展运动训练工作的科学依据。运动员训练涉及广泛的学科类型,包含丰富的学科理论知识,本章主要从运动生理学、运动心理学、运动营养学以及运动训练学四个方面探讨运动员科学训练的学科基础理论,从这些学科理论出发,能够对运动员科学训练过程有更加全面的认识与深入的理解。

第一节 运动生理学基础

一、能量代谢系统

人体活动时,主要依靠磷酸原系统(ATP-PC)、糖酵解系统和氧化系统三种供能方式获得机体所需的充足能量,这三种供能方式的供能特点如图1-1所示。

(一)磷酸原系统(ATP-PC)

由于人体骨骼肌中只有少部分三磷酸腺苷,所以在大强度运动中,骨骼肌能量短时间就会完全消耗,磷酸肌酸也会快速减少一半左右,在极限强度运动中,机体能量可能会完全消耗。在开始运动前2秒内,磷酸肌酸供应的三磷酸腺苷最多,第10秒时供应能力下降一半,到第30秒,供应能力明显减弱。当磷酸肌酸分解三磷酸腺苷的量变少,供能能力下降时,糖酵解系统就开始发挥主要供能作用。

在短时间极限运动训练中,磷酸原系统作为主要供能系统,在供能的同时也快速补充能量(三磷酸腺苷和磷酸肌酸),保持供能能力。通常,三磷酸腺苷在运动后半分钟就能恢复一半以上,运动后5分钟左右可完全恢复。相对来说,磷酸肌酸的恢复时间比三磷酸腺苷长,完全恢复约需8分钟。有氧代谢是磷酸原系统恢复供能的主要方式,还有部分储备的恢复主要源于糖酵解系统。

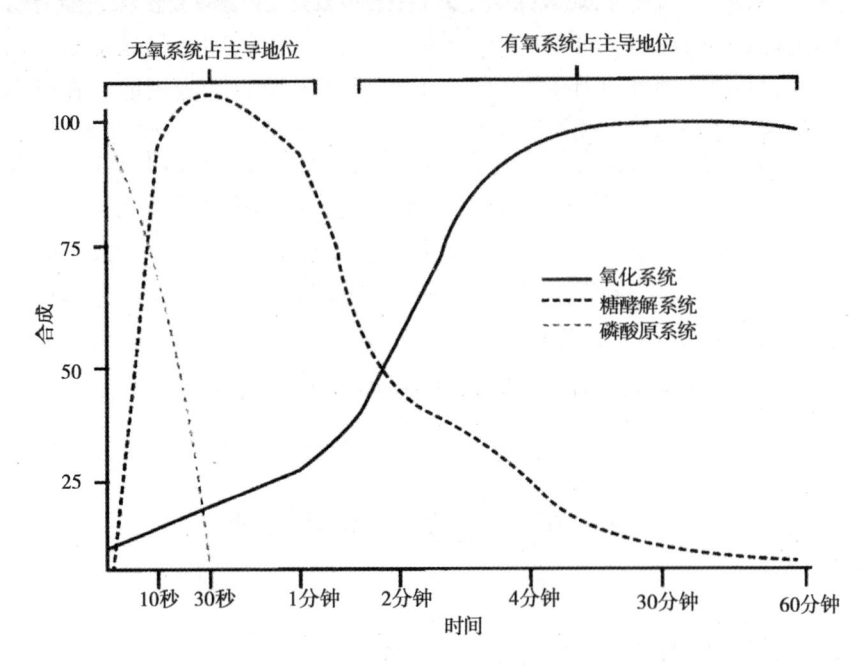

图1-1 运动能量来源[①]

(二)糖酵解系统

糖酵解系统持续供能时间比磷酸原系统长,主要方式是利用血糖和肌糖原生成三磷酸腺苷。在运动初始阶段,糖酵解系统通过快速糖酵解供给三磷酸腺苷,运动持续2分钟后,糖酵解系统通过慢速糖酵解供给三磷酸腺苷。快速糖酵解会生成乳酸,进而转化为乳酸盐。当糖酵解反应快速发生时,影响乳酸转化为乳酸盐的能力,使乳酸堆积,造成疲劳,影响训练。在高强度、重复多、间歇短的训练中常常出现乳酸堆积现象,这就对机体能量供给速度提出了较高要求。运动持续一定时间后,快速糖酵解供应转变为慢速糖酵解供应。

---

① 杨桦,李宗浩,池建.运动训练学导论[M].北京:北京体育大学出版社,2007.

（三）有氧供能系统

有氧供能系统是利用肌糖原和血糖生成三磷酸腺苷供应能量的,这是其与糖酵解系统的共同点。不同的是,有氧供能系统在有氧状态下供能,而糖酵解系统在无氧状态下供能。有氧供能系统利用糖原和葡萄糖分解供能,但糖原分解不会产生乳酸。另外,有氧供能系统除了通过糖原分解供能外,还能利用蛋白质、脂肪生成三磷酸腺苷来供能。在以有氧供能为主的运动中,运动强度决定了能量的利用,运动强度大,糖原消耗增加,糖有氧氧化产生的三磷酸腺苷成为主要能量来源。

二、不同运动项目的能量代谢特点

不同运动项目的能量代谢特点不同,运动训练中有效负荷的时间(运动训练的实际时间)是我们讨论不同运动项目能量代谢特点的基础。

例如,在篮球训练中,有氧和无氧代谢系统共同发挥作用,但只有训练中最强负荷阶段的时间才能称作有效负荷时间,如篮球运动员在急停、跳跃、疾跑中获得关键分值。单纯从篮足排三大球运动的比赛时间来看,机体能量主要来源于有氧代谢供能,但从有效攻防技术的有效负荷时间来看,无氧代谢供能是主要能量来源。因此分析不同运动项目训练的能量代谢供能特点时,不能只看比赛或训练时间,而要从本质上把握有效负荷时间。

不同运动项目的有氧能量代谢和无氧能量代谢的应用比例如图1-2所示。

三、超量恢复周期

超量恢复既是一项运动定律,也是一种训练现象。在运动训练中考虑运动负荷、生物能量特征及二者的关系,在此基础上科学训练,不断提高竞技能力。在完整的训练板块中,高强度、中等强度和低强度的运动方式应同时存在,三者交替进行,尤其是在两次训练的过渡阶段采用不同训练强度,有利于促进身心恢复,对此,在周期训练中要科学安排两次训练之间的恢复时间,这是实现超量恢复的基础。

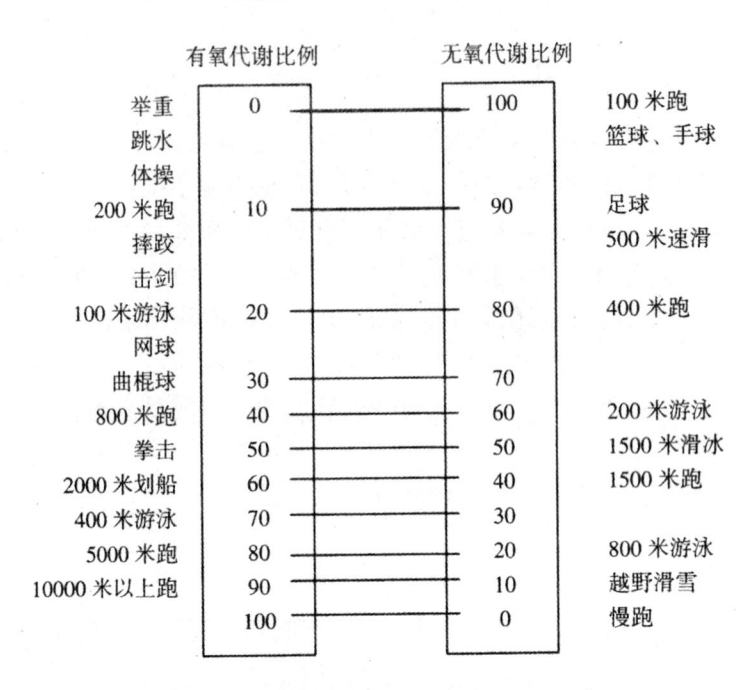

```
          有氧代谢比例      无氧代谢比例
举重          0              100        100 米跑
跳水                                    篮球、手球
体操
200 米跑      10             90         足球
摔跤                                    500 米速滑
击剑
100 米游泳    20             80         400 米跑
网球
曲棍球        30             70
800 米跑      40             60         200 米游泳
拳击          50             50         1500 米滑冰
2000 米划船   60             40         1500 米跑
400 米游泳    70             30
5000 米跑     80             20         800 米游泳
10000 米以上跑 90            10         越野滑雪
              100            0          慢跑
```

图 1-2　不同运动项目的能量代谢特点[①]

运动员疲劳的积累与其在训练中的急性生理反应有关，疲劳积累影响体内平衡，并降低身体机能。训练结束后，机体重新恢复正常状态，其中有一个恢复的时期。机体经过渐进的、缓慢的过程逐渐恢复到正常平衡状态，这个时间的长短与训练强度及疲劳程度有关。训练强度大，但间歇时间适宜，那么恢复平衡所用的时间短，能够达到超量恢复的效果。但如果运动强度大，间歇短，疲劳严重，则需要较长时间才能恢复。

超量恢复是身体对训练刺激（负荷）适应和肌肉中糖原储存补给的结果。但若在最终训练阶段训练刺激不合理，或间歇时间不合理，那么之前产生的超量恢复效果逐渐衰退，恢复训练前的运动水平，甚至不及运动前水平。

超量恢复周期包含 4 个阶段，如图 1-3 所示。

[①] 肖涛,孔祥宁,王晨宇.运动训练学[M].重庆:重庆大学出版社,2016.

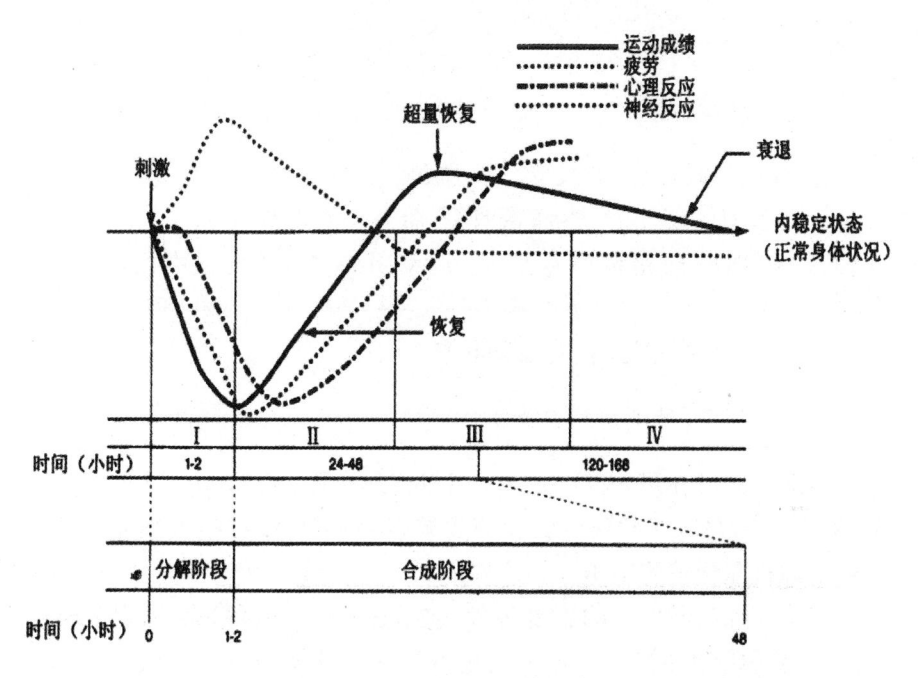

第一章 运动员科学训练的学科理论基础

图 1-3 超量恢复周期[①]

1. 第一阶段(持续 1～2 小时)

训练后感到疲劳,表现如下:
(1)肌肉神经中枢的活性降低,与中枢疲劳有关。
(2)运动性中枢疲劳会提高大脑血清素的水平,从而导致精神疲劳。

2. 第二阶段(持续 24～48 小时)

一旦停训,开始进入恢复阶段,将发生下列现象。
(1)训练结束后 3～5 分钟内,三磷酸腺苷储量完全恢复,磷酸肌酸在 8 分钟内再合成。但如果运动强度非常大,则需要 15 分钟的合成时间。
(2)肌糖原通常在 20～24 小时内恢复基础水平。但如果发生肌肉损伤,恢复时间会延长。
(3)耗氧量增加,这是"运动后过量氧耗(EPOC)"现象,是正常运

---

① (美)图德·邦帕,(美)格雷戈里·哈夫著,李少丹,李艳翎译.周期运动训练理论与方法[M].北京:北京体育大学出版社,2011.

动反应。

3. 第三阶段(持续 36～72 小时)

这个阶段的特点是竞技能力反弹和超量恢复。

(1)运动后 72 小时,疼痛感消失,肌力恢复正常水平。

(2)出现心理超量恢复现象,运动员精力充沛、思维活跃、十分自信。

(3)糖原贮备充足,恢复运动状态。

4. 第四阶段(持续 3～7 天)

如果运动员在最佳状态时期(超量恢复阶段)没有受到其他训练刺激,那么上一次训练所获得的训练效果就会衰退,即在超量恢复阶段获得的生理机能优势将减退。

最佳训练刺激之后的恢复阶段,包括超量恢复阶段,大约需要 24 小时。训练的类型和强度决定了超量恢复的持续期间。正常执行训练计划的运动员要在超量恢复未出现时进行第二次训练。如图 1-4 显示,训练次数越频繁,运动能力提高越快。若两次训练间隔时间太久,如每周训练 3 次 [图 1-4(a)],就会影响运动能力的提高幅度。如果每周训练 5 次,那么运动能力将大大提升。当训练间隔时间较短时,必须调整每次训练的强度,使机体的能量供应很好地满足训练需求。

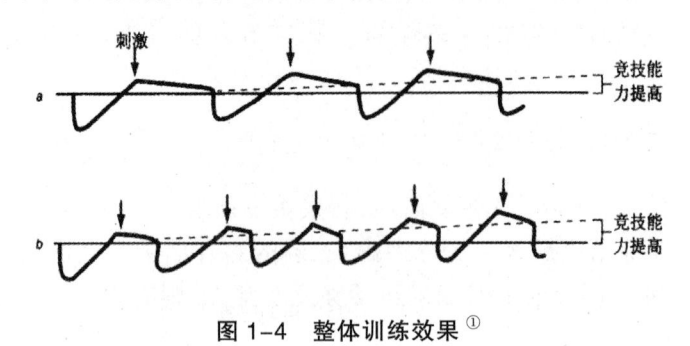

图 1-4 整体训练效果[①]

注:(a)训练间歇较长;(b)训练间歇较短

[①] (美)图德·邦帕,(美)格雷戈里·哈夫著,李少丹,李艳翎译.周期运动训练理论与方法[M].北京:北京体育大学出版社,2011.

第二节 运动心理学基础

一、应激与心理能量

(一)应激

当客观环境要求与自我主观能力之间不平衡时,生理和心理上都会出现相应的反应,这种特定情况下产生的生理与心理现象也被称作"焦虑状态的体验"。

在运动训练中,当运动员感到训练要求比自己的实际水平高时,应激就会产生,如图1-5中的左上角区域,运动员越重视训练结果,就会产生越强烈的应激;当运动员认为训练结果与自身能力不符,对训练结果不满意时,可能产生厌倦心理,如图1-5右下角区域,这种应激状态由厌烦情绪直接导致;当运动员认为训练要求比自己的实际能力低时,也会出现厌倦心理或相应的应激状态;而当运动员认为自己的运动能力与教练员提出的训练要求或客观环境的需求相符时,主客观达到平衡状态,则"流畅状态"出现的可能性大大提升,这种状态也就是图1-5中的最佳能量区。在运动训练中要努力追求这种状态。

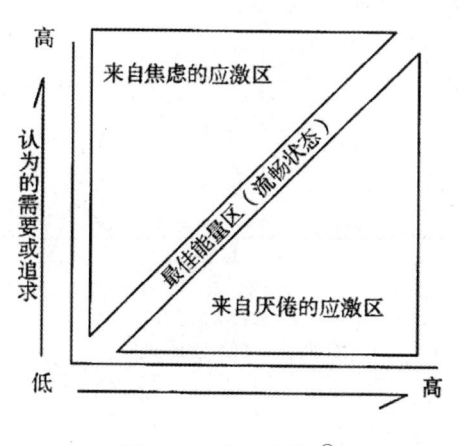

图1-5 心理应激[1]

---

[1] 孙登科.运动训练学[M].北京:北京体育大学出版社,2006.

（二）心理能量及其与运动训练的关系

心理起作用的能力、活力和强度即为心理能量，它是以动机为基础而产生的。建立在动机基础上的心理能量包括积极心理能量和消极心理能量两种类型。人在获得成功时产生的兴奋情绪与积极心理能量密切联系，在失利时产生的失落、焦虑情绪与消极心理能量密切关联。作为心理能力的动力源泉，心理能量对个体健康有非常重要的影响。

心理能量与操作水平之间的关系可以用"倒U原理"来描述，如图1-6所示，心理动员区、最佳能量区和心理衰竭区在图中清晰标出，直观反映了随着心理能量的变化，操作水平也会发生相应的改变。

图1-6显示，当人的心理能量从低到高逐渐增加时，操作水平也相应地有序提升。当心理能量达到最佳能量区这一特定区域或特定点时，操作水平随之达到顶峰。在这个特定区域之后，心理能量即使不断增加，操作水平也会不升反降。

直观反映心理能量与操作水平关系的"倒U原理"在运动员训练中有重要的指导意义，但目前来看，该理论在运动训练领域运用得比较少，如果能够深入理解这一原理，并正确加以运用，能够使运动训练中很多实际性的问题得到解决。

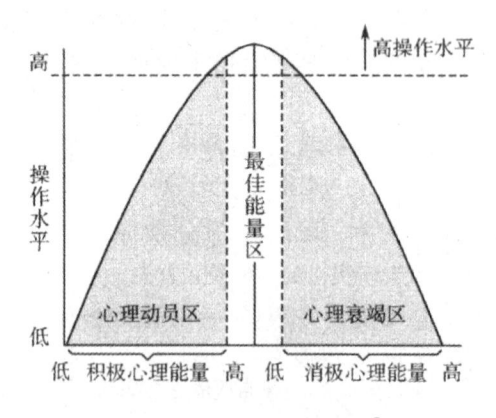

图1-6 "倒U原理"[①]

（三）应激与心理能量的关系

应激与心理能量虽然是两个相对独立的维度，但二者之间存在着一

---
① 马冬梅.运动训练学基础[M].北京：北京体育大学出版社，2005.

第一章 运动员科学训练的学科理论基础

定的联系,如图1-7所示。心理能量都有高低之分,应激有积极和消极之分,积极应激也是低应激,消极应激也是高应激,高应激与高的心理能量之间存在着线性关系,这是应激与心理能量关系中的一种典型表现。下面简单描述二者之间的线性关系。

（1）当运动员产生焦虑、气愤的消极情绪时,处于消极应激状态,此时心理能量较高,如图1-7中A区所示。

（2）当运动员产生厌倦、疲劳的情绪时,处于消极应激和低心理能量共存区域,如图1-7中B区所示。

（3）当运动员处于放松、瞌睡状态时,处于积极应激和低心理能量共存区域,如图1-7中C区所示。

（4）当运动员产生愉快、兴奋的情绪时,则处于无应激和较高心理能量共存区域,如图1-7中D区所示。

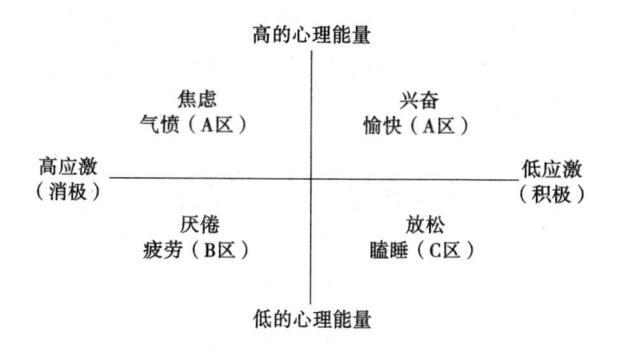

图1-7 应激与心理能量的关系[1]

二、认知—情感—行为

在运动训练领域,教练员和运动员历来都很重视运动技能水平与运动训练成绩之间的因果关联。随着运动训练的不断发展和运动员竞技能力体系的日趋完善,运动员心理水平对运动成绩的影响也越来越受关注与重视。体育学界关于运动员心理和运动成绩之间关系的研究越来越多,其中包括对认知、情感和行为三者连锁关系的研究,旨在提高运动员的运动心理能力,发挥积极心理以提高运动成绩,将运动员的竞技运动潜能最大程度地挖掘出来。

---

[1] 马冬梅.运动训练学基础[M].北京:北京体育大学出版社,2005.

人性既包含了情感,也包含了理性,是二者的高度统一。在现实生活中,充分激发个体的情感,能够使个体创造性地发挥自己的能力;而促进个体理性的升华,能够使个体的思维能力得到超常发挥。所以从本质上而言,对运动员认知、情感和行为三者连锁关系的研究反映了对运动员人性的尊重,体现了体育科研的"人性化"发展趋势。

下面具体分析运动员的认知、情感与行为以及三者之间的关系。

(一)运动员认知对情感、行为的影响

认知是一个包含感知、表象、想象、思维、记忆等诸多心理要素在内的完整的心理过程。运动员的情感、行为直接受其认知水平的影响。

第一,运动员充分认识专项运动,对从事项目的规律与特点有准确的把握,便能在运动训练中产生积极的情感,运动行为也表现良好。

第二,运动员对运动项目的重要价值有深刻认识,对从事的项目感情深厚,便有可能在运动训练中有超常的行为表现。

(二)运动员情感对行为的影响

当外界刺激作用于人体时,人对此产生的肯定或否定的心理反应就是个人情感。在个人情感中有些情感是比较特殊或程度较深的态度体验,如爱、恨、恐、悲等。运动员的个人情感对其运动训练有重要的影响。在运动训练环境中,各种刺激作用于人体,使人产生复杂的情感,而且情感随着训练环境的变化而变化。优秀运动员有良好的自我情绪引导能力和情感控制能力,能积极冷静地应对挫折,在逆境中崛起,他们一般不会将注意力长时间放在由不良因素引起的消极情绪上,而是会及时转移注意力,思考如何扭转局面,完成任务。

运动员的情感有积极和消极的区分。在运动训练中,当运动员的情感处于积极状态时,往往会有出色的行为表现,而如果情绪消极,则必定会造成行为上的失误或低效。情感高涨的运动员常常能突然闪现好的灵感,神经支配能力非常强,能够充分调动身体各个部位的积极性,从而在行为举动上创造奇迹。

(三)运动员行为与认知、情感的相互关系

行为是认知与情感变化的产物,是受思想支配的外在活动。行为是否高尚,与思想与情感有密切的关系,如果人的外在行为活动是脱离思想与情感的,则没有高尚可言。同理,如果运动员缺少认知和情感,那么他在运动训练中是无法做到行为出众、表现非凡的。因而,在运动员培养中,要注意对其思想和情感的培养。

运动员对专项运动有越发深刻的认识,建立了越发深厚的感情,那么就越容易有丰富动人、成功出色的行为表现。特别是难美类运动项目对运动员的思想认识、情感要求非常高。

运动员的行为受自身认知与情感的支配,但当运动员因为外界因素的干扰而被迫作出行为的调整与改变时也会对自身情感产生影响,对认知过程产生干扰,最终对运动成绩造成影响。因此,在运动训练中对运动员抗干扰能力的培养非常重要。

总之,在运动训练中,运动员的认知—情感—行为是一个有机统一体,在这个统一体中,认知是开端,情感是中介,行为是终点,三者密切联系,相辅相成,缺一不可,共同对运动训练成绩产生重要影响。

三、运动训练过程的心理定向

运动员在运动过程中的心理准备状态以及注意的指向就是所谓的运动过程的心理定向。在运动训练中,运动员的心理定向在很大程度上影响其行为表现,因而对训练成绩的影响很大。运动员要以平常心对待训练,将注意力放在训练过程上,不要过分关注训练结果,只有过程良好,才可能有好的结果。

运动训练是长期的艰苦的过程,运动员在训练中如果过分关注最终的结果,忽视了过程,就会导致心理能量过早大量消耗,对训练成绩造成不良影响。如果在训练中联想到将要参加的比赛,一直想如何才能赢,就会将对比赛结果的期待变成思想负担,从而无法真正全身心投入训练,影响训练效果,最终影响比赛发挥与成绩。因此,运动员无论在训练中还是在比赛中,都要保持积极的心理定向,保持平常心,以我为主,将注意力集中在过程上,不要总想结果,这对于提升运动员的训练效率和运动成绩,使其在比赛中克敌制胜具有良好的效果。

第三节　运动训练学基础

一、运动训练与运动训练学的概念

（一）运动训练

运动训练通常指为促进运动成绩提高以及保持良好运动成绩而采取的一系列措施的总称。

学界从广义、狭义两个层面解释了运动训练的概念：

广义上，运动员为夺取良好运动成绩而做的有准备、有计划的所有实际行动的全过程即为运动训练。

狭义上，运动员在一定负荷下所进行的思想道德、体能、技战术、心智能力等方面的准备即为运动训练。

综合上述解释，可以这样界定运动训练的概念：运动员为提高竞技能力，争取最佳运动成绩而系统地、有计划地努力奋斗的整个过程就是所谓的运动训练。[1]

（二）运动训练学

运动训练学是以各运动项目的共性为依据，从宏观层面指导和控制运动训练过程的一门体育应用学科，是对运动训练规律进行专门研究和深入探索，旨在提高运动成绩的理论和方法学，是对运动训练中的科学原理进行研究，对运动训练过程的基本理论与方法以及训练效果的检查与评定进行探讨的一门学科。[2]

二、运动训练的特点

运动训练和一般的身体锻炼、运动教育相比具有自身的独特性，对

---

[1] 王家宏,姚辉洲.运动训练[M].桂林:广西师范大学出版社,2009.
[2] 杨桦,李宗浩,池建.运动训练学导论[M].北京:北京体育大学出版社,2007.

运动训练的特点进行分析研究,有助于对开展运动训练客观规律的探索工作以及促进运动训练效益的提升提供依据与参考。

下面着重分析运动训练的六大特点。

(一)训练内容的专门性

随着竞技运动的不断发展,很多运动项目的水平都达到了前所未有的高度,竞技成绩取得了惊人的突破,创造出大量的世界纪录。不同类型运动项目对运动员的专项竞技能力有不同的要求,一名运动员几乎不可能同时从事多个性质不同的专项运动,更难以在这些运动中达到世界水平。即使运动员很有天赋,各方面能力都非常优秀,也只能同时从事几个性质接近的运动项目,而且未必每个项目都能达到优秀水平,各项目是有主次之分的。因此,大部分专业运动员只从事某一专项的训练,在从事的项目上倾入所有的身心,从专项的特点和需要出发来安排训练内容,然后集中精力进行有目的、有方向、有重点的训练。

运动训练的内容和项目具有专门性,主要是指运动员集中精力参与从事项目的专项训练,但也可以通过其他项目的训练来提高专项运动成绩,只要选择的训练项目对提高运动员的专项技能水平有利即可,由此可见运动训练的内容也比较丰富。

(二)训练方法的多样性

促进运动员身心健康、身体机能水平的提高、运动素质的发展、专项技战术能力的提升以及运动智能的发展是运动训练的基本要求与主要任务,此外还要求运动员在训练后能尽快恢复,为下一次的训练做好准备。总之,运动训练的任务很多,要求很严,必须采用多种多样的方法与手段才能完成训练任务。

身体练习是运动训练的基本手段,身体练习的方式有很多,不同的练习方式与运动专项也有不同程度的联系,我们常常习惯将身体练习划分为三种类型,分别是一般性练习、专门性练习和实战性练习,这是以身体练习方式与运动专项关系的密切程度为依据而划分的。对身体练习方式进行分类,是为了提高运动训练方法选用和实施的针对性,通常一般性练习可以广泛应用于各运动项目的训练中。

面对多种多样的训练方法与手段,运动员必须根据专项需要,结合自身实际情况而进行合理选用与有效实施,所选训练方法手段必须有利于提高专项运动成绩,促进训练效益的最优化。

(三)运动负荷的极限性

在运动员科学训练中,只有将强烈的刺激施加在运动员机体上,机体才会产生深刻反应,身体机能潜力才能得到充分挖掘和发挥。运动员要适应训练和比赛的要求,在训练中必须采用大负荷甚至极限负荷的强度。不同水平运动员承受负荷的能力是不同的,所以说极限负荷是相对的,当运动员在某一训练阶段适应了自身的极限负荷之后,在下一阶段的训练中就要继续增加训练负荷了。

运动负荷的极限性特征要求在运动训练中对训练负荷进行合理安排,使之达到运动员的极限水平,与此同时还要做好医务监督和营养补充工作,保障运动员的安全和健康。

(四)训练过程的长期性

运动员在持续科学的训练中运动水平不断提高,这是一个长期积累的效应,是运动员训练适应能力不断提升的过程。任何一名优秀的世界级运动员都是经过长期系统的科学训练而发展起来的,任何优异的比赛成绩都是运动员常年艰苦训练的结果和回报,训练水平的提高、优异成绩的获取都不是一蹴而就的,不可能在短时间内实现。

多年科学系统的训练是运动员成才的必经之路,在漫长的成长成才道路上,会有很多因素影响运动员的训练成绩和运动水平。为了减少不良因素的影响,提高训练效率,有必要制订科学严密的训练计划,包括多年训练计划、阶段训练计划和短期训练计划,逐步实现各个阶段的训练目标,最终达到预期的训练总目标,使运动员的运动水平达到新的高度。

(五)运动成绩的表现性

运动员经过长期科学系统的运动训练,竞技能力逐渐提高,最后达到一个理想的水平,但运动员的竞技水平究竟如何,要通过比赛中的实战表现和最终的比赛成绩来评价,如果运动员在重大比赛中取得了优异的成绩,那么充分说明了训练效果是良好的,运动员的竞技水平也能得到肯定,运动员的个人价值和社会价值也会被认可。因此,在运动训练中要不断培养运动员的比赛能力,争取早日出成绩。

（六）训练的个人针对性

运动员科学训练的过程也是个人不断成长与全面提升的过程，运动员的运动天赋、身心素质、技战术能力以及智力水平等都会不同程度地影响其运动成绩，而这些影响因素是有个体差异的，每个个体的这些基本能力与素质是可以相互补偿的，因此运动员必须要有个人特长和优势，以此去弥补发展落后的能力和素质。

在运动训练中，教练员要从不同运动员的基本能力、个人特点出发，对其潜力进行最大化挖掘，培养运动员的特长和优势，开展具有个人针对性的训练，保证运动训练过程以个体训练为主，强调针对性和个性化训练，即使是集体性项目，也要强调不同位置和角色的队员的个别训练，将个别训练与集体训练结合起来。

强调运动训练的个人针对性，并不意味着不能采取小组或集体的形式去组织训练过程，而是要结合运动员的个人特点、个体差异去有针对性地安排，各有侧重，如此才能提高训练实效。

三、运动训练的任务与完成条件

（一）运动训练的基本任务

运动训练的基本任务如下。

（1）促进运动员体质的增强、身体机能能力的提升以及运动素质的全面发展。

（2）通过开展思政教育，促进运动员优良体育作风的形成和道德与意志品质的提升。

（3）使运动员熟练掌握专项运动的技战术，并能够在比赛中灵活运用。

（4）使运动员对专项训练的理论与方法有一定的把握，对运动员的独立训练能力进行培养。

上述几项运动训练的基本任务既相对独立，又相互联系、相互促进，因此在运动训练中必须贯彻全面综合训练原则，全方位培养运动员的思想道德品质、运动理论素养、身心素质、运动智能以及技战术能力，全面完成上述训练任务。

（二）完成运动训练任务的基本条件

要完成上述几项基本训练任务，就要具备良好的基础训练条件，下列条件是否具备将直接决定能否完成训练任务以及完成情况。

1. 科技发达

科技是第一生产力，科技的发展促进了训练设施的更新换代，促进了运动训练方法手段的优化创新，促进了训练信息的快速传播。现代运动训练任务的完成和训练水平的提升都离不开先进的科学技术。

2. 物质条件良好

运动训练的效益、运动员的运动成绩都直接受到运动训练物质条件的影响。随着竞技体育发展水平的提高，运动训练的场地设施越来越现代化，如果没有这些良好的物质条件作为基础保障，运动训练就难以顺利开展，运动员更无法通过训练而达到世界优秀水平。

3. 教练员知识水平高

教练员在运动训练中发挥着重要的指导作用，对教练员来说，不仅要有丰富的执训经验和实战经验，还要有良好的知识素质，从而在执训中依靠科学理论去指导训练，促进训练任务的顺利完成。

教练员带队参加训练和比赛，必须具备良好的科学文化素养和运动技能，必须完善自己的智力结构和知识结构，对现代运动训练的趋势有深刻的理解，从而依据先进的科学理论和训练的趋势设计创新性的训练方法与手段，提升运动员的训练质量。

4. 训练体制先进

竞技体育的可持续发展离不开先进的训练体制，判断训练体制是否先进，要看其是否与运动训练规律相符，是否与社会主义市场经济发展规律相符，是否与我国国情相适应。只有保证训练体制的先进性，才能使运动训练的产品满足市场需求，促进竞技体育资本的有效积累和高效应用，而且对开发运动训练市场、促进竞技人才良性流动具有重要意义。

5. 管理严格

运动训练过程复杂，只有实行科学严格的管理制度，才能优化训练过程，提高训练效率，提升训练任务的完成质量，提高运动员的运动成绩。运动训练的管理制度必须满足"科学"和"严格"两个要求。管理的科学性要求教练员运用现代管理理论与方法开展管理工作，提高管理效益和水平；管理的严格性要求教练员在训练内容、训练负荷等方面提出严格要求，采用定量管理方法和规定来督促运动员高效完成运动训练任务。

四、运动训练的内容

（一）身体训练

身体训练是指运动员为掌握和提高运动技战术，创造优异运动成绩而打好坚实身体基础的过程，主要是发展速度、力量、耐力、柔韧性、灵敏度等运动素质。

（二）技术训练

技术训练是指学习、掌握、提高和完善专项运动技术的过程。任何运动项目都有专门技术，专门技术是理想的动作模式，专门技术训练要强调规范，并与运动员的个体特点相结合。

（三）战术训练

战术训练是指根据运动员或运动队身体、心理、技战术的特点以及对手的情况来筹划比赛中力量分配或成套攻防方法的训练过程。在实力相当的运动竞赛中，战术对胜负具有重要影响。对战术的选择和运用要考虑实效性。

（四）心理训练

心理训练是指为使运动员在比赛中稳定发挥技战术水平，创造优异运动成绩而进行的发展心理品质的训练。良好的心理品质是运动员在比赛中表现出最佳水平的心理保证。

(五)智能训练

智能训练是指有目的、有计划地发展运动员智能的训练过程。高智能是保证运动员理解训练内容,在比赛中审时度势、熟练运用已经获得的各种技战术,充分发挥身体优势,把握战机,夺取比赛胜利的关键。

(六)适应训练

适应训练是对运动员的社会适应能力进行培养与训练的过程,通过提高运动员的社会适应力来进一步提升其创造优异比赛成绩的能力。竞技体育的现代化发展进程和可持续发展水平都直接受到运动员社会适应能力的影响,运动员作为社会成员,必须具备良好的社会适应能力,这是其能力储备的重要组成部分,这不仅对创造运动成绩有重要意义,还能使运动员终身受益,退役后获得更好的发展。

(七)思想训练

思想训练是培养运动员职业道德素养和思想政治素养的教育过程,对运动员进行思想政治教育和道德教育是市场经济条件下竞技体育可持续发展的要求。

(八)恢复训练

恢复训练是指运动员采取恢复性训练手段促进身体机能恢复的过程。恢复是积极主动的,是负荷过程的延续。

第四节　运动营养学基础

人体正常生长发育、增强体质以及保持健康都离不开营养。对运动员来说,营养更是有着特殊的意义,即通过合理补充营养而提升身体健康水平,进而提高运动成绩。运动员在训练和比赛中也要靠补充营养来恢复体力和促进机体工作能力的提升。总之,在运动训练中运用运动营养学原理和方法来科学安排运动员的膳食,对提升运动员的运动成绩具有重要意义。

一、营养的能量供应功能

营养具有非常重要的能量供应功能,运动员合理补充营养能够改善机体工作能力,满足运动状态下对能量的需求,而如果营养补充不科学、不合理,则可能造成机体紊乱,对健康和运动能力造成严重影响。

人体体温是靠机体能量的消耗而维持的,机体工作时所需的能量来源于营养,人补充食物后,营养素在体能氧化,释放能量,并以 ATP、CP 的化学形式贮存,在机体工作时根据需要消耗一定比例的能量。运动员每天消耗的能量比较多,尤其是在训练日和比赛日。

鉴于营养具有能量供应功能,运动营养学家根据运动员的专项需要、不同食物的能量价值而为运动员制定膳食计划与指南,在这个过程中食物的热量、质量以及运动员的体重、口味偏好等都会被考虑进去,综合各方面因素而设计出具有重要参考价值的膳食计划。

运动员食欲正常时,按照一般要求摄取食物就能满足营养需求,实现能量消耗与补充的平衡。通常,运动员在结束高强度的训练后,食欲大增,而如果运动量小,那么食欲也就不会很大。但如果在训练中因为负荷不合理,存在过度训练现象,运动员疲劳严重,情绪较差,或者训练环境较差(气候炎热等),运动员心理应激强,那么训练结束后运动员的食欲一般要比正常情况下的机体需要低。而在休息阶段,或者在运动员情绪高时,食欲又比较强,比正常机体需要高。因此,为了保证运动员合理补充营养,应创造良好的训练条件,科学监控训练过程。

在运动员能量平衡的评定中,要考虑其体重的变化。如果营养补充过多,超过机体需要,多余的能量就会转化成脂肪,使运动员体重上升。而如果营养补充不足,不能满足机体需要,体内脂肪就会被用于补充能量,从而使体重降低。当运动员从食物中获取的能量与机体消耗的能量相当,达到能量平衡时,体重也基本稳定。所以,运动员每周都要量一两次体重,而且时间比较固定,将体重的动态变化作为营养补充和能量供应的一个参考依据与评定指标。

二、运动训练中三大能源物质的补充

（一）碳水化合物

碳水化合物是一种宏量营养素，是运动员从事高强度运动训练的主要能量来源。关于运动员每天应补充多少碳水化合物，有专家指出应具体到每日每千克体重的摄入量，而不是简单提出运动员每日总摄入热量中碳水化合物所占的比例。

运动员每天补充碳水化合物的量与其当天的训练方式、训练内容、训练负荷以及体重变化等因素有关，在关于运动员饮食计划的制订中，应在综合考虑这些因素的基础上进行制订，并从整体出发对运动员基本能量需求予以考虑。青少年运动员处于成长发育阶段，因此他们每日摄入的碳水化合物的量应该与成人运动员有区别。

下面以体操与橄榄球运动员为例来说明如何补充碳水化合物。

对体操运动员来说，如果每天进行 2 个训练课程，训练量共计 6~7 小时。如果只考虑训练课程的时长，根据有关建议，运动员碳水化合物的日摄入量为 10~12 克。实际上，以整个训练时间计算绝对训练量时，预计消耗的能量很少，大约是 0.066 千卡 / 千克体重。对一位平均体重 50 千克的体操运动员而言，在训练课程中最终真正消耗的能量比日常能量需求多 1200 千卡。但是，如果运动员只根据训练时间来消耗 10 克碳水化合物的能量，这就大大超出了训练需要消耗的能量。虽然我们没有明确评估体操运动员在训练中对碳水化合物的使用情况，但是有关专家指出，运动员日常的碳水化合物需求一般以 5~6 克 / 千克体重为宜。

假如一位体重 110 千克的英式橄榄球边锋运动员，每天进行两次力量和场地训练，理论上每天需要摄入的碳水化合物为 7~12 克 / 千克体重或者大于 770 克。从功能上来看，运动员不可能消耗这么多的碳水化合物。实际上，他们每日摄入 5~6 克 / 千克体重就可以支撑训练了。

（二）蛋白质

在不考虑运动类型的情况下，建议运动员每日蛋白质摄入量为 1.2~1.7 克 / 千克体重。绝大多数运动员每日的蛋白质摄入需求都能得到满足，但有些运动员为了降低身体脂肪含量，过分关注蛋白质消耗,忽略了营养均衡、补充能量或减少碳水化合物摄入的重要性。运动员如果要根据训练强度来调整能量摄入,满足日常蛋白质需求,首先要在训练间隙准备含有蛋白质的食物来优化适应性反应,并促进运动后恢复,一旦运动员的蛋白质摄入量达到可以支持训练水平的程度,就可以将剩余的部分分配到其他饮食中,从而通过食用不同食物来满足基本营养需求。

（三）脂肪

所有运动员都有自己的能量"预算",这个能量预算反映了他们的能量消耗以及身材目标。运动员不管是要减重,还是要增肌,都要讲求适度原则,首先考虑满足日常蛋白质和碳水化合物的需求,以便利用能量预算支持训练和促进恢复。一般地,能量预算低的运动员会降低饮食中的脂肪摄入量,能量预算高的运动员可能增加宏量营养素的摄入量来满足能量需求。

运动员在选择摄入脂肪类食物时,要考虑脂肪可溶性的维生素和必需的脂肪酸,并了解不同的脂肪在治疗疾病和炎症中的作用。可供参考的选择是使用一些含有脂肪的营养食物（如油性鱼类、坚果）和含有脂肪的健康食物（如橄榄油、菜籽油）。[1]

三、结合专项运动特点补充营养

运动员参加运动训练和比赛,都要根据自己从事的专项运动的特点来补充营养,贯彻营养与专项相适应的原则。例如,从事力量型运动项目的运动员和从事速度型运动项目的运动员所需营养各有侧重,从事耐力型运动项目的运动员和从事力量耐力型运动项目的运动员在营养补充方面各有特点,各不相同。

（一）不同训练项目的能量消耗差异

从事不同运动项目的运动员的能量消耗是有差异的,表1-1列举了一些常见运动项目的热量消耗情况。

---

[1] （美）图德·邦帕,（美）格雷戈里·哈夫著,李少丹,李艳翎译.周期运动训练理论与方法[M].北京:北京体育大学出版社,2011.

表 1-1 训练期不同体育项目的热量消耗[①]

热量消耗	项目
2500～3000 kcal	体操
	羽毛球
	乒乓球
	跳水
	射击
	击剑
	滑雪等
3000～3500 kcal	田径(中短距离跑、跳跃项目)
	排球
	网球
	棒球
	拳击(轻/中量级)等
3500～4000 kcal	田径(长跑)
	足球
	垒球
	曲棍球等
4000～4500 kcal	田径(马拉松跑、投掷)
	游泳
	自行车
	橄榄球
	摔跤(轻量级)
	拳击(重量级)等
4500～5000 kcal	滑雪
	摔跤(中量级)
	柔道(重量级)
5000 kcal	摔跤(重量级)
	相扑等

[①] 杨桦,李宗浩,池建.运动训练学导论[M].北京:北京体育大学出版社,2007.

从上表来看,运动时间较短且具有鲜明技巧性特征的体育项目,热量消耗较少,力量型、耐力型运动项目,热量消耗较多。

(二)不同训练项目的营养需求

从事不同运动项目的运动员,因为热量消耗各不相同,因而能量补充也有差异,具体来说,所需营养素的类别和补充量有区别。

下面仅对从事力量型运动项目和耐力型运动项目的运动员的营养特点和补充要求进行简要分析。

1. 力量型项目的营养特点

蛋白质是构成肌肉的主要成分之一,所以从事力量型运动项目的运动员对蛋白质的需求量比较高,如从事投掷、举重等项目的运动员参与大强度运动训练时,建议蛋白质摄入量为 1.5~2 克/千克体重,有时甚至每千克体重的蛋白质摄入量达到 3 克。

从事力量型运动项目的运动员,训练期每日膳食中糖、脂肪、蛋白质三大营养素的摄入比例以 4:0.7:1 为宜。

2. 耐力型项目的营养特点

从事耐力型运动项目的运动员应具备较强的肌肉抗疲劳能力,这一能力对其运动成绩有决定性影响。人体单位时间内给肌肉供氧的数量决定了机体的抗疲劳能力。此外,营养素的补充也对耐力型运动员的抗疲劳能力有直接影响。运动员肌肉中储存的能量一定程度上决定了肌肉工作能力。

从事耐力型运动项目的运动员,在运动训练期间要特别注意对碳水化合物的补充,这直接影响运动员的训练成绩和训练结束后糖原的恢复。对于蛋白质的摄入,建议以 1.5 克/千克体重为宜。耐力型运动员不宜摄入过多脂肪,如果摄入过多脂肪,饱腹感强烈,食欲就会降低,从而对摄取其他营养素造成影响。

从事耐力型项目的运动员,训练期每日膳食中糖、脂肪、蛋白质三大营养素的摄入比例以 7:1:1 为宜。

第二章　运动员科学训练的机制、原理与方法

对于运动员而言,科学训练直接决定了运动员运动水平的提升空间,影响着他们运动生涯的发展。因此,科学训练对运动员和现代竞技体育的发展具有双重意义。本章,我们将从运动员科学训练理念、运动员科学训练的原理、运动员科学训练的原则和方法以及运动员科学训练计划的制订与实施四方面展开阐述,将科学训练的相关内容进行系统分析,以期为我国竞技体育的发展、对运动员的持续提升起到一定的促进作用。

第一节　运动员科学训练理念

一、训练理念的含义

训练理念是指在运动训练过程中对训练多种因素的某种抽象理解,对极其复杂的训练过程的一种信念和追求。训练理念是教练或者教练和运动员对训练达成的某种认识,训练理念是指导训练过程的"指导思想",能够从整体上把握训练的方向,控制训练的进程。因此,采取不同的训练理念会对训练实践带来不同的影响,可以说训练理念对训练具有重要的指导意义。

在竞技体育领域,训练理念一直都被作为训练的重要指导思想而存在着。竞技运动水平的提高具有多方面的因素,但是正确、先进的训练理念是其前提条件。纵观世界范围的竞技体育训练实践成果,可以说,

仅仅具有先进的训练理念并不一定能培养出优秀的运动员,但是,训练理念一定是培养高水平运动员的必要条件。

二、训练理念的构成

经过长期的研究和实践积累,竞技体育训练理念逐步形成了较为完整的体系。由于训练理念根植于运动训练的实践,因此每位教练都会有自己的训练风格,摸索出具有个人特色的训练理念,反映着教练对运动训练的认知程度,可以说,训练理念在很大程度上决定着教练的执教水平。从理念的一般内涵来看,理念来自人们在生活和工作实践中形成的对客观事物的认识,它表现为一种较为稳定的理性观念,反过来又会指导人们的生活和工作。因此,在竞技体育领域,训练理念是教练选择训练方法和训练行为的前提,训练理念高于训练目标、训练计划、训练手段等。它是一种抽象的指导训练的思想和意识。

(一)知识是理念形成的基础

每一名教练其训练理念的形成,都是建立在一定的专业知识基础之上的。只有充分了解并掌握了训练的科学知识,对相关理论融会贯通的理解和掌握之后,才有可能形成自身的训练理念。因此,专业理论知识是形成正确训练理念的必要条件。一个具有完整的知识理论系统的教练,会比那些知识理论基础不够扎实的教练员具有优势,因为他们对体育训练具有深层次的理解,能够透过现象看本质,能够相对变通地进行理解和运用。知识不仅是训练理念的必要组成部分,也是促进训练理念不断发展完善的内在动力。知识的数量与质量决定了训练理念的成熟度和合理性。

(二)实践是理念形成的要素

运动训练是一个"实践性"的过程,是运动行为的集合。训练理念的形成,不仅需要理论知识作为基础,还需要在运动实践中积累自身真实的感受,通过大量训练实践可以完整地体会训练过程及其产生的变化,从而总结出一定的经验。这些经验和感悟就是形成理念的基本元素。在长期的训练实践中,人们可以感受到,只有那些符合项目规律的训练理念才可能对运动训练发挥有效的指导作用,而脱离训练实践的训练理念则不可能正确指导训练,甚至可能将训练引向歧途。因此,实践是理念形成的另一个必要条件。

应该指出,教练的理论基础和实践指导能力都应该达到较高的水平,否则其在归纳训练理念的过程中,也许会出现分析判断的差错,从而影响了理念的正确性。

（三）创新是理念产生的动力

除了理论知识与实践经验之外,创新意识与创新能力也是教练形成自己训练理念的重要条件。勇于创新和大胆突破常规是一名优秀教练的成功的保障,也是训练理念形成的一个重要因素。试想,一个墨守成规的教练更多的是遵循前人的经验,而不敢提出自己的建议,也不善于主动探索新知,那么很难形成自己的训练理念。从理念的内涵来看,训练理念在某种意义上也是教练心目中的理想模型和理性目标,这种特性必然受到精神因素的影响,奋发向上和钻研求知等良好的精神品质不仅是有利于正确训练理念形成的土壤,同时也融入训练的理念之中,成为一个重要的构成要素。

三、训练理念的特性

训练理念不同于一般的训练理论,它是教练在长期训练实践中自身体会和经验的集中表现,是对理论的抽象总结。训练理念一旦形成就会比较稳定地存在,会长时间地指导教练的实际工作,一般情况下很难发生改变。在某种程度上,训练理念的水平决定着训练效果和运动员的水平发展。在更大的时间维度上,训练理念总是不断地迭代发展的,从传统训练理念向先进训练理念一步步地转变,这一过程尽管漫长,但却是现代竞技运动发展的根本内在动力。总之,教练只有清楚地了解训练理念本身所具有的特性,才能够不断补充和更新训练的理念,使训练的观念和认识始终处于前沿水平。

（一）训练理念的稳定性

每一种训练理念的形成,都需要时间的积累。比如,一位教练要经过漫长的理论知识学习,以及大量的实践积累,历经成功与失败之后,才能逐步形成自己的训练观念,在这一过程中其主体部分处于相对稳定的状态。稳定性是训练理念自身的要求,作为训练的指导思想必须是正确或者是经得住推敲的、稳定的和先进的,这样才能保证运动训练具有清晰明确的方向、系统严谨的过程和可持续性的发展。

当然,训练理念的稳定特性对运动训练既具有正面的影响,也具有负面的影响。首先,稳定的训练理念保证了训练方向和训练过程的正确性和连续性,是培养优秀选手的重要条件。其次,一旦教练形成了不正确的训练理念,或者现有的训练理念已经不能满足现代竞技体育的发展要求,那么教练在调整这种理念的时候往往感到十分困难,从而对运动训练产生方向性的负面影响,甚至导致一个运动项目或项群的长期落后。

总之,作为一名对自身有较高要求、对体育事业足够热爱、对运动员和国家的体育事业具有较强责任感的教练,应该自觉做到经常反思自身的理念是否符合当前的发展趋势,是否有滞后的现象。这种反思不仅是审视训练理念的正确与否,而且更重要的是判定训练理念的先进程度,正确的训练理念在一些情况下也许并不是先进的,那么就应该勇敢地否定自己,继续探索和研究更为先进的训练理念。

(二)训练理念的层次性

训练理念是对专项训练的整体认识,但并非仅是宏观的指导,它也具有微观的意义。在结构上,训练理念可以细化到某一个局部或某一具体的训练,例如技术训练、体能训练以及技术与体能训练关系的理念等等。可以说这是我国目前训练中一个亟待解决的问题。在很多时候,我们的教练还没有把训练理念细化到具体的训练实践中,而只是将理念作为高高在上的一面旗帜。似乎训练理念更像是一种"哲学",错误地将训练理念与具体训练剥离开来,凌驾于训练实践之上,形成"束之高阁"的一种摆设。总之,训练理念必须有层次和级别之分,必须是对具体实践的指导,只有这样才能真正理解训练理念的意义,发挥出它的实际作用。

(三)训练理念的发展性

训练理念是在实践中发展而来,也会在实践中继续得到新的发展。一方面,训练理念会随着训练理论的发展和实践经验的丰富而发展和变化。另一方面,也会随着科学技术的不断突破而受到影响,当今的竞技体育，是与科学技术的发展紧密联系的，每一次科技的突破都会很快运用到竞技体育的训练和比赛活动中。可以说，当代科学技术对竞技运动训练已经产生了大规模的介入和渗透，如今的运动训练具有很高的科技成分，是在高科技支持下完成的。这必然导致训练理念也会随之发展，不断进行着补充与更新。实践证明，一个运动员成绩的快速提高，乃至一个运动项目水平的快速发展，往往都与教练员训练理念的补充和更新密切相关。训练理念发展与更新的实质是知识的更新和对训练感悟的深化，并与科学技术的进步有着密切关联。新的知识可以开拓教练的思路，增大了创新的机会。而新的科技会给训练带来更多便利和助力，因此，训练理念的发展是依托以上这些因素进行的。

四、先进的训练理念

当今竞技体育的快速发展，促使训练理念也在不断地向前探索。以下几种是目前在理论研究和实践中最先进的训练理念。

（一）"以比赛为中心"的训练理念

"以比赛为中心"的训练理念最早在法国的青少年足球训练中被提倡。这种训练理念具有严谨的理论基础和复杂的训练结构，经过实践已展现出其独特的优势，并逐渐构成了法国青少年足球训练的训练基础。

以比赛为中心的训练理念主要包含直接式和情境式两种训练模式，以行为主义和建构主义为主要的理论依据。行为主义认为，学习等同于可观察的表现形式或频率的变化，当一个特定的环境刺激呈现一个适当的反应时，学习得到完成了。直接式教学强调的是足球技术练习的分解、重复、强化、反馈。这种教学模式的主要目的是培养"娴熟的技术"。直接式教学模式可以发展球员的足球技术，但足球运动的本质不是技术，而是比赛和竞技，技术只有在比赛中转变为技能，才具有意义。足球技能和足球技术的区别在于，足球技能在开放的情境中有千变万化的展现，而足球技术是一些固定的程序。足球技能具有突变性和创造性的特点，其核心是思维决策、创造力。

也就是说，直接式教学带来的是让球员被动地接受足球技术和战术的训练，缺乏主动思考能力的训练，更加不会主动适应足球赛场上的情境变化。为了培养球员主动思维和决策能力,发展足球技能和参与比赛的能力,法国人引入了建构主义学习理论。

建构主义学习理论认为,行为由具体情境决定,因此,知识应该放在真实的应用情境中学习。学习者并非"等待填充的空容器",而是智力上具有创造力的主体,他们应该主动建构知识,足球训练应该提供比赛情境,因此提倡情境学习。将"修改比赛"作为战术意识和运动技能学习的中心环节,教练复杂引导和启发,球员在修改的比赛情境中学习战术和技能,发展决策、战术意识和比赛理解能力。

而传统的足球训练方法是将技术技能练习和比赛内容分离开进行的,传统的训练理念体现的是按部就班的思维,以为比赛中靠的是运动员的技术调取能力。然而,仅仅按照固定程序习得的技术,与在赛场上创造性的发挥还有一段很大的差距。总之,建构主义学习理论就是要打破原来把技能学习孤立于比赛环境之外的训练方式。

"以比赛为中心"的训练理念是让球员在掌握有限的技术能力的前提下学会比赛,即使技术能力有限,也能在比赛中有竞争力。之所以用"修改的比赛"训练,是为了提高球员过渡到完整比赛情境时的战术意识和理解能力。通过对人员、区域、比赛规则的修改,来指导球员解决目标战术问题。简单来说,"以比赛为中心"的训练模式分为以下六个部分。

(1)比赛。通过修改比赛形式以达到特定的训练目的。

(2)比赛鉴赏。对比赛中发生的问题,教练不会直接给出建议,而是提出问题,启发球员主动思考的能力。

(3)战术意识。球员在复杂的比赛情境中逐渐培养主动思考能力、创造力,并在互动中增长战略战术知识。

(4)决策。知道"做什么"和"如何做"。

(5)技能执行。对比赛中出现的运动技能反复练习以快速决策和执行。

(6)比赛表现。回到比赛中,在比赛中检验学习效果。

(二)"预防伤病"的训练理念

在竞技体育中,运动员的伤病一直都是一个难以逾越的问题。在高强度、高竞技的训练和比赛中,可以说运动员每时每刻都与伤病近在咫尺,为了获得更好的表现,必须不断提升训练难度。可以说运动伤病与运动成绩就是训练的一体两面。因此,现代运动训练中提出了以预防伤病为要求的训练理念,即在制定训练计划时,还应当考虑伤病预防的训练。研究表明,以往伤病是潜在伤病的风险因素。比如,有前交叉韧带(ACL)受伤史的运动员更容易发生第二次 ACL 损伤。因此,在设计训练计划的同时,应该有针对性地也设计一套有效帮助运动员预防伤病的训练计划,而减少未来严重受伤的可能性,也最大化地提升了运动员的竞技水平,因此,预防伤病训练理念被越来越多的教练接受并采纳。

(三)"以人为中心"的训练理念

"以人为中心"的训练理念并不是最新的训练理念,但是一项不断与时俱进的训练理念。以人为中心这一概念来自人本主义心理学,它强调每个人都是独一无二的个体,具有平等的、独特的、值得尊敬的个性特征,因此在教学或训练中,应该充分尊重以人为本的思想,努力发挥每个人的优势和气质特征。运动员是一个比较特殊的群体,他们从小接受目的性极强、专业性极高、标准化程度也十分规范的严格训练,因此在训练中往往容易忽视运动员的个体差异。"以人为中心"的训练理念就是针对这一现象而提出的,经过多年的实践,它在竞技体育领域发挥了重要的作用。并且,时代在变化,每一代人也都有每个时代的独特性,于是"以人为中心"的训练理念也在不断地发展中,目的是适应每个时代的个体的发展需要,努力将个人的天赋和潜能得到最大程度的发展。

第二节 运动员科学训练的原理

一、适应理论

(一)适应理论的含义

20 世纪 50 年代,被誉为应激理论之父的塞尔耶从病理学的角度提出了应激和适应问题。应激是一种很普通的感觉,所有人都曾经历过这种多方面的主观不适和身体不适。简单地说,可以把应激理解为压力或刺激。当人们接收到应激的刺激时,就会产生相应的反应,并在新的情况下逐渐适应。适应是各种生命机能的基础现象,所有生物都能适应生存的环境。

第二章 运动员科学训练的机制、原理与方法

塞尔耶发现,有机体对内外环境的各种刺激都会发生反应,不同刺激引起的反应虽然各有不同,但也有其非特异的、共同的一面。这些由不同因素所引起的非特异性反应,塞尔耶称之为全身适应性症候群,也就是应激。

应激反应包括生理、生化机能的改变,机体在长时间的应激作用下可以提高对外来刺激的适应能力,机体通过动员全身力量进行自我保护,对新情况产生适应性,这就是适应的含义。

（二）适应理论的发展

1976年塞尔耶又提出了"局部适应",一些器官或功能可以通过蛋白质结构的改变而发生局部性适应。这一点对体育训练尤其重要,即有针对性的训练可以优先发展机体某一器官或系统的机能。1980年,维禄将该理论运用于体育训练,他把机体一般的非专门性反应,即应激反应,看作专门适应形成的必备条件,一般应激水平的发展可以有力地支持特定系统适应能力的改善。他认为,有效的刺激才会对机体产生作用。机体能力在负荷刺激的作用下出现障碍(疲劳),又随着应激水平的提高形成新的平衡状态(能力提高)。机体对刺激的适应是在中枢神经支配和调控下的过程,使机体出现一种"有用的训练结果"。但是,如果外界的刺激超出了神经中枢协调和控制的范围,那么机体可能不对该刺激作出反应或出现负面反应。

1988年,德国学者马德尔提出,适应的个体因素藏匿在细胞的遗传机制之后,细胞蛋白质分解与合成周期使细胞质量和结构与长期形成的人体机能水平相适应。机体在细胞水平上的适应是通过对细胞蛋白质分解与合成之间动态平衡的调节实现的,不同的蛋白质不仅具有不同的存活时间,而且具有不同的衰减和再生期。他提出,机体拥有一个无所不在的、独立于"适应储备"的"现时机能容量",它决定着机体不同能力已具备的状态,也是至今为止机能对训练的适应效果。

诺依曼的"改变－适应的时间动态过程"理论是从另一个角度对运动训练的适应过程的解释。该理论指出机体各器官系统受到足够大的外来刺激时会产生"变化",在反复施加负荷的条件下则出现"适应",表现为机体能力的提高。

二、二元训练理论

（一）二元训练理论的含义

20世纪20年代，苏联开始对训练原理进行研究，提出运动分期理论。20世纪70年代运动训练学形成体系，苏联和德国出版了许多运动训练学专著，开始形成比较完善的理论体系。因为这种训练理论体系是建立在"体能"和"技能"的基础上，因此，称其为二元训练理论。我国运动训练的主要理论思想是二元训练理论。

二元训练理论深受牛顿对时空哲学思想的影响，这表现在认为训练工作始终停留于"先进行一般训练，然后转入专项训练"的固定模式上。显然，这与运动能力提高的真实情况存在差异。并且它还体现在外在的给定不为任何具体专项训练所特需，而又似乎为一切项目训练所必需的那种训练内容及手段。

（二）二元训练理论的应用

二元训练理论认为，身体素质可分解为速度素质、耐力素质、力量素质、灵敏素质等。速度素质再分解为速度耐力素质和速度力量素质。如此逐级分解，形成了一个复杂的、庞大的体系。体育训练的内容必须包含这个完整的体系，这就是全面化训练方法的根本特点。全面化就是二元训练理论的外显。因此，二元训练理论归纳的应用主要表现在以下几方面。

（1）运动成绩由专项技术和身体素质的综合表现来体现。
（2）训练行为产生超量恢复，这是运动成绩得以提高的根本原因。
（3）我们常规的训练周期，其实质是由全面身体素质和专项技术这两方面的训练内容构成。

三、项群训练理论

（一）项群训练理论的含义

1983年田麦久提出了建立"分类训练学"的构想。1987年，他在学术刊物上发表了题为《项群训练理论的构思与命名》的论文;1990 年在北京亚科会上发表了论文《项群训练理论建立与应用》;1998 年正式出版了《项群训练理论》专著。

运动训练学的理论体系可以分为横向和纵向两个维度。横向维度一般是指运动训练原则、运动训练内容、运动训练方法、运动训练安排、运动训练负荷五方面。纵向维度是指一般训练学、项群训练学和专项训练学三个层次。项群训练指的是适用于部分运动项目的运动训练学理论。

许多运动项目具有内在的相似特点和相似属性,我们把具有相似特征和属性的项目归属为同一类属项目,称为"项群",而把揭示和反映各项群运动训练规律的理论和原理称为项群训练理论。

(二)项群训练理论的应用

项群训练理论的产生是建立在对现代竞技运动项目的结构性分类的基础之上。项群训练理论具有成熟的理论依据和实践基础,已经得到了体育界普遍的认可,广泛应用于竞技体育、健身、体育教学以及体育管理等众多领域。

目前,无论在哪个层级范畴内,在制定其竞技体育发展战略时,都会依据项群理论对竞技体育的结构性分类进行战略规划。项群训练理论可给战略的制定者提供了非常重要的帮助,具体表现在以下两点。

(1)项群训练理论按照运动项目的内在共性,无论哪种水平,都做了对应的项群分析。因此,对众多运动项目的发展带来宏观的认识和理解,便于从社会学、地域学、遗传学、训练学等不同角度进行科学地分析。

(2)项群训练理论可以确定与现有优势项目隶属于同一项群但暂时落后的项目,而且便于这些项目的教练员和运动员借鉴同项群中先进项目的训练经验,使暂时落后的项目有可能更快地向优势项目的行列中转移。

第三节　运动员科学训练的原则与方法

一、运动训练的基本原则

（一）竞技需要原则

1. 竞技需要原则的含义

竞技需要原则是指从真实比赛出发，以比赛的标准和要求作为训练的标准和要求，开展对运动员的竞技能力的训练和提高，通过科学安排训练计划、训练内容、训练手段、训练负荷等，可以明显提高训练效果，完成训练目标。竞技需要原则是先进的训练原则，相比于传统的被动式训练，运动员的竞技能力得到明显提升，体现了现代竞技体育训练的针对性和实战性，是现代竞技运动训练的主要指导原则。

2. 竞技需要原则的依据

（1）训练目标的竞技需要

训练目标是训练行为的方向，也是训练行为的终点。运动员的一切训练行为都是为了某个目标作出的努力，因此，在任何训练行为发生之前，都要先明确训练目标。如果没有目标，行动是散乱的、无序的，最终也是徒劳的。竞技体育的目标就是比赛和竞技，无论什么项目，最终都要向着比赛这一终极目标前进。每一个运动员的目标都是参加比赛，进入更高级别的竞技赛场。因此，运动员的训练内容、方法和手段的选择，都是围绕着比赛的需要而组织实施的。

（2）专项竞技的特异性

不同的运动项目对运动员的竞技能力有不同的要求。而构成运动员竞技能力的因素有很多，包括体能、技能、战术能力、心理能力等等，在不同的运动项目结构中，这些因素的构成比例和产生的作用又各不相同。因此，在进行专项竞技项目的训练时，首先要全面、深入地认识本项目的竞技能力要求和特点，了解自身所具备的能力水平哪些方面有优势，哪些方面需要尽快提高，只有这样，才能做到准确地选择与专项竞技需要相符合的训练,从而对训练内容、训练手段及训练负荷有非常明确科学的认识,可以提高训练的有效性和针对性,争取在最短的时间内达到所要达到的能力水平。假如忽略专项竞技的需要,盲目地进行全面训练,往往会事倍功半,花费巨大的精力却效果甚微,会打击运动员的自信心和积极性。

(3)现代训练的专项化发展趋向

现代竞技运动越发的激烈,对抗性越来越强,这为竞技运动的高速发展带来了动力,不断推进各个项目的水平,使现代竞技赛事更加精彩和激动人心。但这同时也具有一定的负面影响,对于运动员而言,则意味着必须加强专项训练和提高专项能力。现代竞技体育发展的趋势是,越来越向着专业化的方向发展,无论是训练的内容、方法、手段及负荷都体现出鲜明的专项化趋向。即便是少年儿童的早期基础训练阶段,也同样具有明确的专项竞技的导向,这些都是在竞技化需要原则指导下发展起来的。

(二)动机激励原则

1. 动机激励原则的含义

动机激励原则是指通过有效激发运动员的主动性,提高其自觉进行艰苦训练的动机和行为的训练原则。这一原则通过各种方式和途径,试图启发运动员的训练积极性和主动性,提高其内驱力,从而能够独立、自主、创造性进行刻苦训练,并能够在训练过程中进行自我调控、自我疏导,完成长期的、艰苦的训练,并表现得非常高效和充满动力。

2. 动机激励原则的依据

(1)成功动机是重要的原动力

动机激励原则是竞技体育比赛和训练中的重要指导原则。每个运动员都渴望获得成功,在世界竞技舞台上获得认可,这是绝大多数运动员的内在愿望,也是他们的内在动力。对于运动员而言,渴望奖牌与成功是推动他们艰苦训练的强大内驱力。正是因为这些美好的愿望和成功的愿景激励和鼓舞着运动员,他们才得以日复一日进行艰苦的训练,并在面对各种挫败、伤病时,仍然能够迅速地调整心态,恢复积极的心理状态。运动员之所以能自觉克服重重困难,就是因为具有强烈的成功动机。和普通的社会工作相比,职业运动员需要付出巨大的努力,而结果又充满不确定性。在这种情况下,只有强烈的成功动机才能激励着运动员自觉地献身于训练与比赛之中。

(2)持续激励是保持斗志的最佳方式

运动员日常训练的艰苦程度往往是超出常人的想象的,而且竞技体育都是从青少年甚至是儿童期就开始训练的,在他们年龄尚小的时候,尤其需要教练的持续激励,才能保持运动员的斗志。即使是这样,长期的刻苦训练往往让运动员承受着巨大的心理负荷与生理负荷。其中包括不断困扰运动员的伤病、竞技水平发展的瓶颈期、人际关系、竞争压力、未来的不确定感等等,都对运动员的心理和生理产生极大的挑战,会使运动员感到挫败与退缩,甚至失去信心直至放弃。因此,在训练过程中需要不断地激励运动员保持良好的动机,及时肯定自己的努力成果,对自己、对未来保持信心。另一方面,对于运动员来说,最好的激励其实是得到满意的成绩,因为成就是莫大的鼓舞,是继续前行的巨大动力。因此,除了需要教练持续地激励运动员,给他们正向引导和积极反馈,帮助运动员保持斗志和雄心之外,让运动员每年或者每个赛季参加一些适当的比赛,当获得令他们自己满意的成绩之后,这种激励会更加持久,更加有力量。如果保持这两方面的激励,那么运动员就能够较好地保持斗志和最佳的训练状态,进而一步步走向竞技生涯的高峰。

(三)有效控制原则

1. 有效控制原则的含义

有效控制原则是指对运动训练活动实施有效控制的训练原则。训练中应对每个阶段和每个训练实施都有准确的把握和控制,对训练目标、实施、效果和评价都有清楚的认识和理解,并且对下一个阶段的训练内容、量度及实施给予及时和必要的调节,使整个训练活动处于有效控制之中,保障运动训练活动以预先设计的方式健康运行,保证训练目标的实现。

2. 有效控制原则的依据

（1）尽量控制影响训练的因素

运动训练会随着科技和竞技体育的发展而不断发展。这些变化和发展会直接影响教练和运动员的训练内容、训练手段或者训练计划，而这些又会直接反映在训练效果或者比赛成绩上。某一时刻运动员的竞技能力的表现都是此前训练的结果，又是下一步训练的出发点。并且，在每一个当下，运动员的状态又会受训练因素、生理因素、情绪和社会交往等心理因素的影响，以及训练条件、场地、气候等环境因素的影响，对于加入国外俱乐部的运动员而言，他们受到的影响更多，比如对不同文化的适应、对语言的接收能力以及对当地水土情况的适应能力等都是重要的影响因素。另外还有不可抗的偶发因素，如意外伤病，也都会对运动员竞技能力的状态产生不同程度的影响。所有这些复杂因素的变化，都必然导致运动员竞技能力发生变化。因此，只有对不断变化的训练过程实施有效的控制，才能使实现预定的训练目标成为可能。

（2）现代控制论的理论基础

"控制"即是对系统有目的、有方向的调节、指挥和掌握。要想取得工作的成功，必须对行为、行为对象及其变化施以有效的控制，才能保证朝着预定的方向运行，才有可能实现预期的目标。其中最重要的理论依据就是控制论。科学家们提供的研究方法使体育科学工作者和教练员们掌握了更为有效的工具。从而实现对训练过程、训练对象及竞技能力发展等不同系统实施着程度不同的控制。大量的训练实践证明，这种控制对提高运动训练的实效产生了重要的作用。

（四）系统训练原则

1. 系统训练原则的含义

系统训练原则是指持续地、循序渐进地组织运动训练过程的训练原则。这一原则的确立与运动训练过程的连续性和阶段性的基本特性密切相关。它一方面指出长时间、持续地进行训练是运动获得发展和提高运动技能的唯一途径，同时也强调，这一训练过程必须循序渐进地、而非突变式地增加训练负荷，才能取得理想的训练效果。

2. 系统训练原则的依据

（1）人体生物适应的长期性

人体是一个非常复杂、精确、神秘又高效的系统，体育运动和训练必须以遵循人体的系统特征为前提而进行，只有充分认识和了解了人体的生物特性，以及不同个体的差异，在这样的基础上进行训练，才是科学的和有效的。另外，系统的、持续的变化和提高也是事物发展的一般规律，运动训练要想取得理想的效果需要符合客观规律的要求来进行。人体对训练负荷的生物适应是通过有机体大到各个系统、各个器官，小到每一条肌肉乃至每个细胞的逐步适应和变化，从而一点点地实现提高。运动员竞技能力的提高涉及多种能力、多种因素的共同促成，而这些改变也是通过系统的方式进行的。人体每一项机能的适应性改造都不是轻易完成的，它们都需要一定的时间逐渐地适应和改变，也就是说，短期的突发行为并不能产生适应和改变的作用。在竞技运动项目中，无论是什么项目，要提高运动员的竞技能力，必须通过人体内部的适应性改造才能实现，即必须经过一段时间的连续训练。适合人体生物适应规律的训练，能够使运动员在生物学方面发生有益的变化。因此有些运动员的培养需要几年甚至十几年的时间，它需要较长的时间才能完成，而不是一朝一夕所能实现的。因此，从人体生物适应的角度来看，运动员应持续地承受负荷，进行系统的训练。

（2）训练效应在持续中加强

在了解了生物适应和改变的特性之后，我们知道，无论是体能还是技能、战术能力还是运动智能以及运动员的心理能力的变化，都一直处于变化的过程中，具有不稳定的特点，其效应都是在持续训练中逐步得到加强的。要想持续地得到发展和提高，必须在持续的、系统的训练下才能实现。因此，如果训练的系统性和连续性遭到破坏，那么前期经过训练已经获得的训练效应，会因为间断或者停顿而消退甚至完全丧失。这就要求运动员必须保持自己的训练不被干扰、不间断，且符合系统训练的强度和难度要求。这是因为，在训练中获得的技能的提高，对应的是运动员神经系统的相关中枢神经建立起暂时性的联系，还相当不牢固，甚至可以说是非常脆弱的，如果想稳定提高，需要持续地、经常地、反复地强化，让暂时联系变为稳固联系，那么体现在技能上就是能够稳定地发挥水平，而不会轻易消退。这一点对于运动员而言非常重要，必须在训练效应产生并保持一定时间的基础上重复给予负荷,让训练效应得到强化和累积,实现运动技能的稳定发挥。总而言之,要想获得理想的训练效应,稳定的竞技能力,必须要保持训练过程的连续性、系统地和不间断性。

(3)人体生物适应的阶段性

系统训练原则的另一依据是对人体生物发展规律的适应。根据人体科学、人体医学及生物学的相关理论研究,发现人体的生物适应过程不是直线发生的,而是分阶段进行的。例如,在一次训练后,机体对这次训练负荷的反应是一个连续的过程,先后分别是工作、疲劳、恢复、超量恢复和训练效应消失等几个阶段。当前的竞技体育已经发展得相当成熟,一般来说,运动员的训练都是遵循和利用这些阶段特征而进行的,在多种先进科学设备的辅助下,通过对各项生理指标的检测和观察,能够非常准确地掌握机体目前的承受能力、适应能力以及反应能力等,教练员可以根据这些反馈调整训练的强度和负荷,从而令训练更具可控性,更符合人体的生物适应能力等,以获得更好的训练效果。并且,教练还可以利用先进的检测设备,准确把握运动员机体正处于哪个阶段,然后根据不同阶段的需要安排训练。通过这样科学严谨的一段时间的训练后,运动员的机体和技能逐渐得到发展,并且也得到加强和稳定,也就是说训练达到了较好的效果。总之,生物适应性是系统训练的重要依据。人体生物适应的阶段一般表现为竞技状态的形成、保持和消失三个阶段。

(五)周期安排原则

1. 周期安排原则的含义

周期安排原则是指周期性地组织运动训练的原则。运动员的机体具有一定的生物节奏,用比较通俗的话理解就是有时状态好或者状态不好,它具有一定的生物节奏。而运动员竞技状态的形成与发展都同样具有周期性和节奏规律。在训练的过程中,要遵循这样的原则而进行组织安排,如果忽视机体状态的规律性,不仅不能带来训练效果的提高,相反还会影响正常的训练进程。因此,应该按一定的动态节奏安排训练内容和负荷量度。

2.周期安排原则的依据

（1）周期性是事物发展的普遍规律

周期性规律是客观世界普遍存在的规律，事物的发展规律都遵循着循序渐进、周而复始的特点，尽管各自的周期长短不一，但是周期性特征是普遍存在的。在竞技体育领域，运动员的技能发展，都是按照周期性原则而进行训练和提高的。这种周期性的运动在不停歇地发展变化中，每个往复、每个循环都不会完全相同。每一个新的运动周期都有新的发展和变化，产生新的突破或者进展，它近似一种螺旋式的上升。运动训练的周期性就是遵循事物发展的这一规律而进行，它是由事物的发展普遍规律决定的。

（2）周期性是人体能力变化的特征

人体竞技能力的提高也是典型的周期性发展的。运动员之所以要进行长达数年甚至十几年的长期的、系统的训练，就是因为运动技能的提高是一个循序渐进的过程，在运动训练的过程中要逐渐增加难度和负荷，持续地训练是为了获得稳定的运动技能，但是技能的增长也是以周期性的形式发生的。比如在一次负荷下，机体开始工作、产生疲劳，负荷解除，超量恢复，再次给予负荷，然后开始工作、疲劳……就是在这样的周期循环中，运动员的能力得到稳定提高。如果增加新的负荷，那么就进入了一个新的负荷周期。运动员就是在这样的训练过程中，通过有计划、有规律地提高训练难度或者复杂度，从而实现机体能力的不断提高，运动竞技状态不断地得到发展，直至进入运动员的巅峰期。但是人体不可能始终保持高峰状态，在经过高度竞技状态之后，需要休息和恢复，以消除生理和心理的疲劳。通过积极恢复，心理疲劳和生理疲劳都消除之后，再进行竞技能力发展，促进竞技状态的再次形成，开始新的训练周期。

（六）适宜负荷原则

1.适宜负荷原则的含义

在竞技体育中，对运动负荷的把握是训练的核心，也是训练的难点。在增加负荷的时候，需要遵循人体的基本发展规律，以及运动员个体的特性情况，选择适宜的负荷进行训练，才能得到较为满意的结果，这就是适宜负荷原则。提高运动员竞技能力的目标任务和给予负荷都应该以适宜为原则。适宜意味着训练目标不能脱离实际,训练负荷不能过大或者过小,负荷过小无法引起机体必要的应激反应,若负荷过度又会出现劣变反应。

2.适宜负荷原则的依据

(1)机体的生物适应现象

机体的应激以及适应变化,会保持在一个适度的范围内。在这一范围内,负荷的量度越大,对机体的刺激越深,所引起的应激越强烈,机体相应变化也就越明显,自然竞技能力的提高也越加明显。

(2)过度负荷带来劣变现象

如果负荷控制不得当,比如增加的负荷过大,远远超过了人体此时的接受能力,那么反而会带来负面作用。也就是说,运动负荷的量度并非越大越好,这是因为,机体的生物适应现象只发生在适宜的条件下,也就是负荷适宜、方法适宜等,如果负荷超过了机体的承受范围,会直接给机体带来损伤,即产生劣变现象。需要注意的是,过度负荷不仅仅是指生理方面,同时也包括生物体的心理方面。无论是过度的生理负荷,还是过度的心理负荷,都会引起机体的不适应的症候。而且,心理不适应和生理不适应的反应不是分别割裂的,某些症候是复合的,比如过度的生理负荷也会引起慢性肠功能紊乱、鼻塞和发冷等症状,还有人会出现皮疹、失眠、疲惫不堪等。总之,常见的不适应症候包括慢性体重下降、非受伤引起的关节及肌肉疼痛、扁桃体及腹股沟淋巴结肿大、肤色改变、肌肉紧张等。这时候应该让运动员充分地休息,采取一些措施做积极恢复,否则很可能会对运动员的机体造成严重伤害,比如健康状况和体能的明显下降,使运动创伤增加,甚至造成灾难性的后果,而过早地结束其运动生涯。因此,在训练实践中要注意采用适宜负荷,避免运动员机体的劣变现象发生。

(七)区别对待原则

1.区别对待原则的含义

区别对待原则也是常见的训练原则,它指的是在训练过程中,需要以人为本,对不同运动员、不同专项或不同的训练状态、不同训练任务,都应该进行区别对待,目的是争取让每个人都能在最佳状态下进行训练,从而更容易得到最佳训练效果。在制定训练目标、选择训练内容、安排训练负荷的时候,主要是依据区别对待原则而进行。并且,即便是同一个运动员,在不同的时间也会有不同的状态,因此,如果僵硬地保持一种训练方法或者训练负荷,则那就不是科学训练的方法,也会明显地影响训练效果。每个运动员的生理状况、身体形态、发育特点、技术现状、战术能力以及素质、智力水平都各不相同,要想使训练工作取得理想的效果,就必须认真处理好运动训练过程中,组织的集群性与个体性之间的关系,考虑到运动员的个人特点,即使是同一名运动员在不同的训练阶段也应该采取区别对待原则。

2. 区别对待原则的依据

(1) 运动专项竞技需要的多样性

区别对待原则首先是源于对不同项目的研究,不同运动项目,对运动员的要求具有很大的差异性,不同专项运动员的竞技能力是千差万别的。比如,短跑运动员的竞技能力的主导因素是速度素质,中长跑运动员的主导因素是耐力;跳水运动员的技术水平起着决定性的作用。因此不同项目的专项训练其目的和内容均不相同,应实施区别对待。

(2) 运动员个人特点的多样性

每个个体都是独一无二的,每一位运动员也同样具有各自独特的身体条件、基础条件以及不同的个性,要想挖掘和发挥他们的最大潜能,就需要遵循区别对待原则,从每个人的优势出发。运动员的个人特点包括性别、生物年龄、训练年龄、竞技水平、生理和心理特点、身体状况、情绪等等,这些方面都对训练的安排有不同的要求。

(八) 直观教练原则

1. 直观教练原则的含义

直观教练原则是指运用多种直观手段,通过运动员的视觉器官激发形象思维并建立正确的动作印象,从而培养运动员的观察能力和思维能力,进而提高运动员竞技水平的训练原则。

2. 直观教练原则的依据

（1）认识过程的普遍规律

人的认识的形成都要经历从直观到抽象、从感性到理性的过程。运动员在学习和掌握新动作时也遵循同样的规律，直观性原则符合人体学习新技能的普遍规律，应该重视其在运动员的训练过程中所发挥的重要作用。

（2）动作技能形成原理

在动作技能形成的全过程中，尤其是初级阶段，视觉器官在直观训练和学习中发挥着重要的作用，人体通过视觉器官获得的信息丰富而且生动，这对促成动作技能的记忆和形成非常有帮助。

（九）适时恢复原则

1. 适时恢复原则的含义

适时恢复原则是指及时消除运动员在训练中所产生的疲劳，并积极利用超量恢复提高机体能力的训练原则。

2. 适时恢复原则的依据

运动员在训练后，其机体能力和能量储备由于负荷而暂时下降和减少，随着负荷的消失又恢复到负荷前的水平，这一过程称为恢复。而运动训练中的恢复，并不满足于回到先前水平的恢复，而是追求超量恢复，因为超量恢复才是提高机体运动能力的关键环节。

（十）自觉性原则

1. 自觉性原则的含义

自觉性原则是指，在训练过程中运动员应自觉遵守教练员的指导和安排，并且具有一定的自律意识，能够相对自觉、主动地练习和运用有关运动技能技巧。同时，自觉体会训练的目的，将训练目的与技术动作以及运动技能有机联系，从而提高对动作的理解，以及对运动技能的加强。同时，已经成年或者已经具备较为丰富的训练知识的运动员，应自觉地参与规划和制订训练计划，主动与教练提出自己的训练诉求和训计划，以及希望对即将到来的比赛作出哪些具体的准备。自觉性原则是一名成熟运动员应该内化在自身思想意识中的一种认识，对持续地、顺利地进行训练具有积极意义。

2. 自觉性原则的理论依据

（1）自觉性原则其实就是充分发挥运动员的主观能动性，因为运动员始终是训练的主体，是技能的接受者。因此，运动员应当有意识、有责任承担起运动训练的主体责任。事物的发展，外因只是变化的条件，内因才是变化的根本，而运动员的自觉训练才是真正长久地、有效地完成训练的根本前提。

（2）自觉性原则的另外一个依据，是运动员对所从事项目的热爱，对训练目的、训练意义和训练作用的主动认可和接受。也就是说，当运动员对未来发展具有正确的理解，对自身从事的运动项目具有一定的归属感和认同感的时候，就会激发出训练和比赛的积极情绪。如果运动训练是运动员被迫的无奈的选择，则所有正常的身体和心理负荷都会成为难以逾越的困难，从而产生消极的情绪，功能能力的发挥将受到抑制。

二、运动训练的基本方法

运动训练方法是指在运动训练活动中，为提高竞技运动水平、完成训练任务所采取的途径和办法的总称。运动训练方法是教练员和运动员共同完成训练任务的方法，是对训练过程中各种具体训练方式和办法的概括，是对各种具体训练方法的集中表述。运动训练基本方法主要包括分解、完整、重复、间歇持续、变换、循环、比赛和高原训练法。

（一）分解训练法

1. 分解训练法的释义

分解训练法是指将完整的技术动作或战术配合过程合理地分成若干个环节或部分，然后再分别进行训练的方法。

2.分解训练法的分类

（1）单纯分解训练法

应用单纯分解训练法,需首先把训练内容分成若干部分,通过分别学习、掌握各个部分或环节的内容后,再进行整体性的学习。这种方法在技战术的学习与训练中被广泛采用。分解训练法对练习的顺序并没有特别的要求,就是说对分解后的若干部分的学习,没有刻意要求按照一定的顺序进行,可以打乱原有的顺序根据主客观的情况进行训练和学习,只要最后能够把每个部分串起来进行完整的训练就可以。比如分解进行排球快球掩护下的平拉开战术的训练,可将整个战术分解成接发球、快球掩护、传平拉开球和扣球四部分。不论采用何种训练进程,应先使运动员分别掌握这四部分的技术,再完整地进行快球掩护下的平拉开战术的训练。

（2）递进分解训练法

递进分解训练法是指把训练内容分成若干部分,每一部分的训练都按照递进的顺序进行,比如先训练第一部分,只有在掌握之后才可以训练第二部分,然后将前两部分合起来再训练,再掌握之后才开始训练第三部分,以此类推,逐步逐级地进行下去,如此递进式地训练,直至完整掌握技术或战术。该方法对练习内容各个环节的练习顺序没有特别刻意的要求,但是对相邻环节的衔接部分则非常重视,有专门的要求,必须将相邻的衔接部分掌握稳定才能进行下一步的训练。

（3）顺进分解训练法

顾名思义,顺进分解训练法是按照原有的顺序把训练内容分解成若干部分,从第一部分开始训练,掌握后再训练第一部分和第二部分,以此类推,顺进直至完整地掌握技术或战术。

（4）逆进分解训练法

与顺进分解训练法刚好相反,逆进分解训练方法是最先训练分解后的最后一部分,逐次增加训练内容到最前一部分,直至掌握完整的技术或战术。

（二）完整训练法

完整训练法是指完整地进行训练的方法,无论是技术动作还是战术配合,不进行分解,而是按照原有的结构一气呵成地完成全部训练。优点是有利于运动员完整地掌握技术动作或战术配合。完整训练法可用于单一动作的训练，也可用于多元动作的训练，可用于个人成套动作的训练，也可用于集体配合动作的训练。用于集体配合战术的训练时，应以一次配合的最终战术效果为训练质量的评价标准，更密切地结合实践要求，灵活地组织完整的战术训练。

（三）重复训练法

重复训练法是指多次重复同一练习，完成之后进行足够的休息，然后再进行训练，它的特点是后一次完全重复前一次的训练内容，没有增减。通过对同一动作或同组动作的多次重复来强化条件反射，有利于运动员牢固掌握技术动作，通过相对稳定的负荷强度的多次刺激，使机体尽快产生适应性。重复训练法的主要因素有单次练习的负荷量、负荷强度及每两次练习之间的休息时间。休息方式通常采用肌肉按摩。力量素质练习中常常用到重复训练法。

（四）持续训练法

持续训练法顾名思义，就是让训练的时间保持一定的连续性，同时负荷强度较低，中间没有间断地连续进行训练的一种训练方法。持续训练法尤其适合一般耐力素质的训练，另外，对于负荷强度不高但是过程较为细腻、讲求微妙的技巧变化的技术动作也非常适用。一般而言，持续训练时，运动员的平均心率保持在130~170次/分钟之间，在这一区间可以使机体运动机能在长时间的竞技运动训练刺激下产生稳定的适应，可提高有氧代谢系统供能能力以及该供能状态下有氧运动的强度，可为进一步提高无氧代谢能力及无氧工作强度奠定坚实的基础。

（五）间歇训练法

与持续训练法相对的是间歇训练法，间歇训练法是指对练习过程组间的间歇时间作出严格规定，使机体处于不完全恢复的状态下反复训练，以期得到理想的训练效果。实践证明，不同类型的间歇训练，可使糖酵解代谢供能能力、磷酸盐与糖酵解混合代谢的供能能力、糖酵解与有氧代谢混合供能能力、有氧代谢供能能力得到提高。严格的间歇训练可明显增强人体的心肺功能。通过严格控制间歇时间，可以提高运动员在激烈对抗的比赛环境下稳定发挥技术动作的能力。总之，间歇训练法是适用多种项目,达到多种训练目的的非常有效的训练方法。

(六)变换训练法

变换训练法是指在保证训练目标不变的前提下,通过调节运动负荷、训练内容、训练形式等训练因素,以变换的方式实现提高运动员的训练积极性和训练热情,同时增加了训练的趣味性和灵活性,减轻训练的枯燥乏味,从而能够更好地调动运动员的主观训练需求。另一方面,竞技比赛本身就是充满了未知和不确定因素。因此,在日常的训练中,通过变换训练方法,加强训练难度,使运动员能够主动地适应正式比赛的节奏和氛围,比如可以体会比赛中的复杂性、激烈性、以及技术的变异性、战术的变化性等特点进行有针对性的训练。通过变换训练,可使机体产生与项目相匹配的适应性变化,运动员的各种运动素质、运动技战术都能得到系统地训练和发展,而且这种能力具有很强的适应性,从而提高应对比赛中各种复杂情况下的运动能力和应变能力。

(七)循环训练法

循环训练法是将若干练习手段设置为相应的若干个练习点,按照既定的顺序和路线,要求运动员依次完成每个点的训练。循环训练法的优势之一是可以有效激发运动员的训练情绪。通过不断给出新的刺激来保持运动员的训练热情,同时,也是累积负荷"痕迹"、交替刺激不同体位的最佳训练方式。循环训练法的另一个优势是,具有很强的灵活性。这是因为,循环训练法的结构因素由每个站点的练习内容、运动负荷、安排顺序、每两点站之间的间歇、每遍循环之间的间歇、练习的站数与循环练习的组数组成。因此,可以随时根据具体情况因人制宜地加以调整,能够防止局部负担过重,延缓疲劳的产生,并有利于全面的身体训练。

(八)比赛训练法

比赛训练法是指在近似模拟比赛条件下,按照比赛的规则和方式进行的训练方法。利用人性中的竞争意识和表现意识,比赛训练法可以提高训练质量,从而提高竞技能力。运用比赛训练法可有助于运动员全面提高专项比赛所需要的体、技、战、心、智各种竞技能力。

（九）高原训练法

高原训练法是指利用高原地带进行阶段系统训练。它的核心是利用高原地带空气内氧含量较低的自然条件发展运动员的有氧耐力、无氧耐力和力量耐力。高原训练法最初是长跑教练员提出来的一种机能适应性方法。该方法的目的是通过高原训练促使长跑运动员产生与高原比赛环境相适应的生理反应，以便在相对缺氧的高原环境中比赛也能正常发挥水平。此后，人们发现高原训练法还具有低海拔平原地带常用基本训练方法难以企及的其他功能。比如能够明显地刺激血液中红细胞数目的增生，能够明显增强机体在缺氧状态下的工作能力，还可以改善骨骼肌及红蛋白的浓度和质量，提高运动员的肌肉工作耐力或力量耐力，从而很好地发展机体抵御疲劳的工作能力。高原训练法的基本结构既具有训练过程的结构因素，又具有训练方法的结构因素。现在不太普遍的一种共识认为高原训练法是由海拔高度、训练过程、进出时机、训练手段、负荷性质、恢复手段、组织方式等基本因素组成，而其中任何一个因素的变化都会引起不同的高原训练效果。

第四节　运动员科学训练计划的制订与实施

现代竞技体育对科学训练计划有很深入的研究，形成较为成熟的系统和模式，尽管不同运动项目的训练计划差别很大，但是其内在规律是基本一致的，具有固定的结构和分类，相似的内容和实施手段。

一、训练计划的基本分类

训练计划可分为多年训练计划（例如以奥林匹克运动会为期限，少年儿童的运动计划可制订 6～8 年的计划）、全年训练计划、阶段训练计划、周训练计划、课训练计划。

第二章 运动员科学训练的机制、原理与方法

二、训练计划的基本内容

训练计划的基本内容包括运动员的起始诊断、确定训练指标、划分训练阶段、提出各训练阶段的主要任务、安排比赛序列、规划训练负荷的动态变化趋势、选择训练方法以及手段、确定训练负荷、制定恢复措施、规划检查评定训练效果的内容、时间及标准等。

三、训练计划的基本结构

一个完整的运动训练过程,应该包括运动员起始状态的诊断、训练目标的建立、训练计划的制订、训练活动的实施、训练过程的检查评定以及训练目标的实现6个基本环节。在运动训练的过程中,还可以根据训练的实际发展效果作出调节和修正,使运动训练过程更加具有实际意义,直至通过检查评定得到令人满意的结果,最终实现训练目标。

四、训练计划的制订

(一)多年训练计划

多年训练计划更多地强调战略规划和布局,主要用于安排较长时间的系统训练,一般两年以上的训练设想和安排属于多年训练计划,也有时间跨度长达十几年的训练计划。计划的内容也是提纲挈领,无需设计细节,多采用文字或表格形式表达。

制订多年训练计划,教练员要有战略头脑,要从总体上宏观地规划运动员多年训练过程。它是对于接下来的年度训练计划、阶段训练计划的指导方向,因此不需要做到详尽具体。确定多年训练计划要建立在充分地分析主客观因素的基础上,要了解和掌握专项训练规律及发展趋势,要充分了解运动员的各方面情况。在此之后,确定训练指标,进行阶段划分。在各个运动项目中,运动员开始参加训练的年龄、进入专项训练的年龄、保持最佳竞技水平的年龄都有自然的生理规律,因此在制订全过程多年训练计划时,对专项年龄特征有所了解,将有助于提高计划的科学性。

(二)年度训练计划

年度训练计划是指在运动训练实践中以年度训练作为组织系统运动训练过程的基本单位。在制订年度计划中,对年度训练的阶段划分非常重要。年度训练计划一般分为单周期、双周期和多周期等类型。全年训练按一个完整的大周期组织实施,称为年周期安排。单周期安排适用于季节性质的项目,需要长达4~6个月的时间才能做好充分准备或者取得显著训练效应的项目如马拉松等,以及每年只有一次重大比赛的项目;双周期是指把全年训练按两个完整的大周期组织实施,它包括两个准备期、两个竞赛期和一至两个过渡期;而将年度训练计划分为三个以上训练周期的安排称为多周期。

周期的划分是将全年训练计划分为更小的训练阶段,使整个计划更便于管理和实施,并保证最佳竞技状态控制在当年重大比赛之际。这种划分可以保证训练的合理组织实施,使教练员能够系统地执行自己的训练计划。

在一个周期的安排中一般划分为准备阶段、比赛阶段、过渡阶段。各个阶段的时间长短,依据运动员的个人具体情况和项目特点要求而定。

(三)周训练计划

周训练计划是组织训练活动极为重要的基本单位,是实施性的具体训练计划。周计划的内容一般要列出每日训练的主要任务和内容、负荷总量与强度比重。一般应将技术、战术训练与身体素质训练交替进行,使之相互调节。根据项目特点的不同,比如技术性强、技术动作多的项目可作为训练课的主要内容安排。对身体机能要求较高的周期性项目,可根据训练负荷为主来安排。

(四)课训练计划

训练课是运动训练最基本的组织形式。不论是周训练计划,还是年度训练计划,都必须通过一次次训练课的组织实施来完成。运动训练课质量的好坏,直接影响运动训练的效果。课计划最详细,直接按照周计划排列的每次课的主要内容和负荷,并根据上一次课的实际情况而定。训练课的类型可分为综合训练课和单一训练课。综合训练课是指在一次训练中综合地发展多项竞技能力；单一训练课是指在一节课只是集中发展某一种能力，或完成某一项训练任务。单一的训练课在准备期的训练中安排得比较少，但在各个项目的训练中，有时都会组织一些发展本项主导因素的单一训练课。如中长跑运动员的耐力课，乒乓球运动员的基本技术课等。单一训练课可分为发展素质训练课、学习改进技术的训练课、熟练和完善战术配合的训练课、检查评定的训练课以及比赛的训练课等。

通常，一堂训练课分为准备部分、基本部分、结束部分三个部分组成。准备部分的任务是使机体逐步进入工作状态，在心理和生理两方面做好承受负荷的准备，为即将到来的激烈运动创造良好的内环境。基本部分是整个训练课的核心，训练课的任务主要通过基本部分来实现。结束部分也叫整理活动。主要任务是通过结束部分的活动内容，使运动员的机体从剧烈的运动状态逐步恢复到平静状态，但是结束部分不是可有可无的部分，通过整理活动加速排除体内剧烈负荷所产生的代谢产物，对于运动疲劳和恢复具有重要意义。通过整理活动，可以补偿运动时所欠的氧债。使运动员的心理过程从应激状态中退出。整理活动可以从根本上解除训练课所造成的心理、生理上的紧张状态。结束部分经常采用的手段有轻松跑、游戏、放松体操、踢球等。

五、训练计划实施的基础保障

为了取得最佳的训练效果，提高运动员的运动成绩，需要组织一个强有力的保障系统工程。可以说，现代竞技体育训练在很大程度上已经超出了竞技本身，运动员在训练场或者赛场上比拼的已经远不止是运动技能，其背后的后勤保障系统，包括营养保障、医务保障、心理保障、思想保障、信息保障等等也是决战胜负的重要因素。因此，现代先进的运动训练应该加强对训练的全方位保障系统的建设。

（一）运动训练的营养保障

人体的各项素质的发展主要是通过运动训练和营养补充这两个方面实现。对于竞技运动员而言，通过科学的训练和营养补充，是他们获得高水平运动技能的基础前提，因此，必须对营养实施给予足够的重视。运动员若想实现运动技能的不断提升，尽快达成训练目标，那么必须重视营养保障,而且要和训练做好配合。"三分练,七分吃",这句话不仅适用于普通健身者,同样也适用于运动员群体。试想,训练计划再完美、针对性再强,如果没有营养的及时补给,机体的发展得不到必要的营养物质,那么训练效果必然会大打折扣,运动员辛苦训练一回却不能得到与训练相应的回报。当然,在当今的竞技体育领域,各个国家都非常重视营养科学与训练的相结合。毕竟,人体所有训练水平的提高和运动能力的发展都源于肌肉,如果没有充分营养的供给,肌肉是不可能凭空就变得发达和强壮的。训练水平和运动能力也不会凭空就获得提升的。因此,良好的营养保障是提高训练水平和运动能力的基础,从某种角度来说,营养在决定和影响着运动员的训练效果。

因此,运动员的科学训练、训练计划的有效实施,首先不能忽视对营养的实施。只有建立健全的营养保障系统,包括聘请营养学专家为运动员提供营养和饮食的计划安排,为运动员的一日三餐做好计划和搭配,让他们在训练的过程中能有更好的体力,在训练后又能及时获得最需要的营养补充,同时还严格地控制体重和体脂,这些都需要科学的营养知识。因此,国家应该为职业运动员开设专门的营养课,让他们自身也具备一定的营养知识,对日常训练和休息都具有积极意义。同时也要开展运动员饮食成分、对各个运动项目的特殊营养需要、特殊补品的研制。营养系统相比训练方法、训练理论可能要更为复杂,因为营养涵盖的范围非常广,人体的生物代谢过程更为复杂,在这样的前提下,需要大力投入科研进行深入的研究,以便为科学的运动训练提供有力保障做好准备工作。

(二)运动训练的心理保障

体育运动不仅仅是身体的高强度运动,其中还伴随着心理的剧烈起伏或者波动。在激烈的竞技场上,每一名运动员都为了赢得比赛而拼尽全力,首先这需要调动大量的心理能量来整合身体各个方面拿出最佳状态应对比赛,其次,激烈的竞争和瞬息万变的场上态势,会对运动员带来非常强烈的冲击。比如,在一场对决异常紧张和胶着的比赛中,双方实力相近,难分胜负,那么每一次的攻守转换都会直接影响运动员的情绪和心理,为了不受情绪的干扰,运动员必须发挥自己的心理能力,及时进行调整,保证自己处于相对稳定的状态,并能够更好地发挥出应有的水平。

第二章 运动员科学训练的机制、原理与方法

要得到这样的心理能力,需要在日常加强训练,运动员要有意识地提高自身的情绪控制能力、心理适应能力等。运动员除了要接受系统的项目训练之外,也要接受一定的心理训练,学习相关的心理学原理以助益其在训练和比赛准备方面的实践,已经成为现代体育运动的一个重要组成部分。在运动训练中,要充分运用和发挥心理学的作用,对运动员在训练过程中的心理建设、情绪管理、动机维护等等方面进行有效干预,不仅可以保证训练的顺利进行,而且还可以明显提高训练水平和训练效果。

有科学研究证实,在高竞技水平的运动员身上,心理变量比生理变量具有更强的影响因素。

(三)运动训练的医务准备

我们知道竞技体育中,除了运动营养、运动心理之外,对运动损伤的预防和处理也是非常重要的内容。竞技体育训练强度大、负荷高,而且往往具有十分激烈的对抗,所有这些都需要充分做好医务准备工作。医务准备一般包括硬件准备和软件准备两方面。硬件准备包括医务室及其医疗设备的配备要到位,医疗物资要齐全。软件准备包括储备业务精良的运动医学专家和团队,以及对医务团队的定期培训,以保证他们能跟上国内外运动医学的发展趋势,能够更好地服务运动员。

另外,还要做好专业性的应对工作。比如,篮球比赛和训练具有较高的损伤风险,导致篮球运动员损伤的因素有很多,其中主要的有季节因素、疲劳、专业技术动作、损伤史等几个方面。运动员运动量较大,容易造成运动疲劳,但又必须马上投入第二天的训练。为了保证运动员能够尽快进入状态,完成训练目标和备战任务,需要采取科学的运动恢复手段,配备按摩专家等等。另外,比如篮球运动员身材高大,而体操运动员往往身材较小,那么在一些医疗物资的准备方面也要充分地考虑到这些细节,做到让运动员在训练中无后顾之忧,即便出现运动损伤也会得到及时和对症的诊治与处理。

(四)运动训练的信息指导

运动训练的信息指导是随着科技进步,以及竞技体育的发展而最新发展出来的一项内容。由于高科技手段介入竞技训练的程度越来越多,随之也产生对运动训练的高效管理的需求。比如,建立和完善信息化的

管理系统,以及对运动过程的数据采集,并建立相应的分析系统,这些都是现代竞技体育的发展趋势。可以说,完善的信息管理系统是当今竞技体育发展不可或缺的一部分,通过信息技术和数据采集,让运动员能够随时检测自己身体机能的变化情况,以及自身的运动提高状况,可以非常精确地跟踪训练过程和训练数据。利用先进的可视化设备,能够让教练和运动员随时观测运动中机体机能的细微变化,这对促进竞技训练具有重要意义。

通过对运动过程的数据跟踪及分析,可以及时反馈运动员的训练状态,以及身体各个指标的健康情况,可以对身体的细微变化有直观的认识,对接下来的训练内容和训练方法具有重要的指导意义。可见,信息系统的建立和完善,将直接影响着运动员的训练过程和训练效果。对训练进行实时跟踪并以大数据的方式给出翔实准确的反馈,这是现代体育运动训练的极大优势。

第三章　运动员运动训练管理理论与方法

运动训练是一个动态变化的复杂系统,受到诸多内外因素的影响,必须有计划、有步骤地组织运动训练活动。要想取得理想的训练效果,实现预期的训练目标,就必须加强对运动训练的科学管理。管理既要科学,又要严谨,要贯穿运动训练的全过程,从而为提升运动员的训练成绩和竞技能力提供良好的保障。本章主要对运动员运动训练管理理论与方法进行研究,主要内容包括运动训练管理的概念;运动训练管理的原理、内容与方法;运动训练管理系统的构建以及运动员运动训练管理与指导。

第一节　运动训练管理的概念

一、运动训练管理的概念界定

运动训练从本质而言是以教练员、管理者、科研人员等构成的运动训练实施者对运动员进行生理学、心理学和社会学系统改造的过程。运动训练管理则是对于这种改造过程的管理,是指为实现运动训练目标,管理者遵循运动训练客观规律,对运动训练系统进行计划、组织、控制、协调的综合活动过程。[1]

---

[1] 明君,郑丽,范锐.运动训练管理学[M].哈尔滨:哈尔滨地图出版社,2008.

二、运动训练管理概念的含义

从运动训练管理的概念来看,其具有以下几方面的含义。

第一,运动训练目标是运动训练管理的出发点,同时也是管理的归宿,管理目标与竞技体育目标直接相关。

第二,运动训练的管理者必须遵循运动训练的基本规律来科学开展管理工作。

第三,运动训练管理是一项综合活动过程,其中涉及的科学管理方法有训练计划、训练组织、训练控制以及训练监督等。

第四,运动训练是对运动员进行多维改造的系统过程,而这个系统的改造过程必须渗透运动训练管理的方方面面,管理内容丰富、管理方法多样、管理体制先进,更有利于优化改造过程和效果。

第二节 运动训练管理的原理、内容与方法

一、运动训练管理的基本原理

(一)系统原理

系统理论是运动训练管理的系统原理的主要来源。将系统理论运用到运动训练管理中,就要将运动训练管理组织作为一个整体的系统而对待,对系统的基本运行规律进行整体把握,系统地分析和优化各方面的管理问题,并以管理目标和动态变化的管理环境等为依据而对组织系统的运行进行及时调整和控制,最终使理想的管理目标顺利实现。

基于系统原理的运动训练管理是将管理组织作为开放性的社会系统而实施管理工作,管理组织不仅具有一般的系统特征,还具有目的性、集合性和适应性。

1. 目的性

管理组织的目的性特征十分具有代表性,管理组织不可能脱离目的性而形成,无论哪种类型的管理组织,其目的性都是鲜明而独特的,这

是管理组织存在的重要前提和基本依据。

2. 集合性

社会系统的形成是建立在人际关系和群体关系基础上的。所以，运动训练管理组织系统是一个由诸多因素及各因素内在关系而组成的集合。

3. 适应性

运动训练管理组织要主动适应生存环境，随着环境变化而灵活调整结构，如果与环境格格不入，无法适应不断变化的环境，就会走向消亡。管理组织不仅要主动适应环境，还要能动地对环境进行改造，但改造环境必须建立在适应环境的基础上。

（二）人本原理

人本原理是运动训练管理的基本原理之一，是从管理角度认识与探讨人的本质属性的科学理论。人本原理的形成与发展经历了漫长的认识过程，是在科学研究与深入探索人性理论的过程中逐渐产生的。

人本原理指出，在管理系统中，居于核心地位的是人，与人相关的因素是管理系统的首要因素，发挥着重要的作用。管理者在开展管理工作时，要对人际关系的处理、维持给予高度重视，将人的能动性和创造性充分调动起来，将管理的根本落在"做好人的工作"上，使管理对象对管理组织的目标、自身职责与价值有所明确，自觉配合管理工作。

总之，人本原理的出现促进了管理学内容的丰富，给整个管理理论的发展带来了生机与活力。

（三）动态原理

动态原理也是管理的基本原理之一，其含义主要有以下两个方面：

第一，管理组织系统内部的结构、功能是相对稳定的，因此系统的运行也是稳定有序的，但系统内各要素和系统运行的条件有时会发生变化，这时系统也要适时调整变化。

第二，管理组织本身是一个系统，但它也是更大管理系统的一个子系统，大系统的变化必然引起管理组织这个子系统的变化。

从动态原理的两个含义来看，我们要将动态原理运用到运动训练管理过程中,就必须对内外两方面的制约条件予以考虑。

动态原理的含义也反映了动态原理的下列两个基本特征。

1. 有序性

有序性是指管理组织按照一定的科学规律有序、稳健地运行,而非杂乱无序地运行。

(1)管理组织系统内各要素按照自身发展规律有条不紊地运动,进而推动有序的功能运动,这个动态循环状态是环环相扣、有始有终的。

(2)随着系统内部环境条件的变化,系统自身作出相应调整,这时系统的原有运行规律发生了变化,这个变化是有计划、有程序的,变化是为了更好地适应内外环境。动态原理在管理中发挥作用与其本身的有序性特征是分不开的。

2. 适应性

动态原理具有适应性特征,管理组织本身是一个随内外环境变化而变化的动态系统。系统内环境与系统外环境对管理组织有不同程度的影响,对内外环境的变化进行分析,使系统快速适应变化的环境,满足内外环境的变化要求,提升动态管理效率。

正因为动态原理具有适应性特征,将动态原理运用到运动训练管理中才能解决管理系统运作中遇到的困境和难题,促进管理系统有条不紊地运作,促进系统适应能力和应变能力的增强。

(四)竞争原理

事物发展要遵循优胜劣汰规律。运动具有竞争属性,竞争时刻存在于运动训练管理中,处处体现在各个管理环节。竞争与压力是分不开的,竞争使人有压力,压力激发人的斗志。因此也可以说,竞争激励人上进,调动人的热情,挖掘人的潜能,激发人的创造性,使人们想办法克服困难。此外,竞争在促进内部团结、增强团队凝聚力、增添集体生机和活力方面也发挥着重要作用。

通过上述分析,可以将竞争原理概括为个人之间、团体之间、国家之间,为了自己的目标和利益而相互竞争,争取胜利的理论。[1]

---

[1] 刘青. 运动训练管理教程[M]. 北京:人民体育出版社,2007.

在运动训练管理中应用竞争原理的要求如下。

1. 竞争条件要一致

在运动训练管理中运用竞争原理,首先要保证竞争条件相同或相近,同一级别运动员的竞争标准必须一致,这是保持运动训练评价体系公正性,促进运动训练目标实现的基础保障。

2. 公平、公正评价

在评定运动员训练成绩时,必须采用公平公正的评价制度,结合定量与定性的方法设计评价标准,尽可能满足公平、公正、合理的评价要求。

3. 以增进交流、互相提高作为竞争目的

在体育领域,不管是什么形式的竞争,都要强调增进友谊、促进团结合作以及培养团队精神的目的。要强调竞争过程中的相互交流和共同进步。

4. 预防不正之风

在运动训练管理中,每个管理环节都要按章办事、依法办事,保证管理结果的公信度。

二、运动训练管理的主要内容

(一)人员管理

对运动员或运动队进行管理,将个人和集体的积极性充分调动起来,通过严格的监督与管理,提高运动员的竞技能力和运动队的整体作战能力,这是良好管理效果的体现。

对运动员或运动队的管理主要涉及运动训练过程、文化学习、思想教育、日常生活以及参赛等多方面的管理内容。

(二)设施管理

对运动训练场地、器材、设备等基础设施进行管理,是为了提高有限设施的利用率,满足运动训练的需求,管理方式如下。

（1）采用法律手段对场地设施的建设与利用进行管理。

（2）采用经济手段推动体育用品业的运营管理，扩大基础运动设施的对外服务空间，提高经济效益，从源头上解决问题。

（3）依照岗位责任制对运动场馆设施进行管理，落实责任到人。

（三）经费管理

运动训练工作的开展以充足的经费投入为基础保障，为解决训练经费不足的问题，我国拓展筹资渠道，大力发展体育经济，一定程度上解决了资金不足问题，但在一些经济落后地区，经费不足依然是制约运动训练开展的最大阻碍，因此必须加强经费管理，解决运动训练的实际问题，具体可以从以下几方面着手管理。

（1）建立健全财务制度，按需拨款。

（2）有选择地投入经费，分清主次，先解决主要矛盾与问题，使每一笔经费都能发挥最大作用。

（3）严格管理，开源节流。

（四）信息管理

关于运动训练信息的管理是从运动训练的需要出发，将国内外与运动训练有关的热点信息和其他有价值的信息有计划地予以收集，然后分类整理，有序存储，客观分析，再向使用者有效传递这些信息，便于教练员、运动员、科研人员等相关主体开展工作。

运动训练管理的内容不止以上几种。近年来，随着竞技体育事业的社会化、市场化、职业化和产业化等多元化发展，我国运动训练管理体系结构发生了相应调整，如图3-1所示。在这一管理体系中，政府管理发挥主导作用，同时协会、团队和企业也发挥了重要作用。而在管理内容上，突破了传统的人力、物力及财力的管理，逐渐向功能管理、目标管理、过程管理、质量管理等方面拓展和转移，管理内容越来越丰富，成为运动训练管理发展的一个重要趋势。

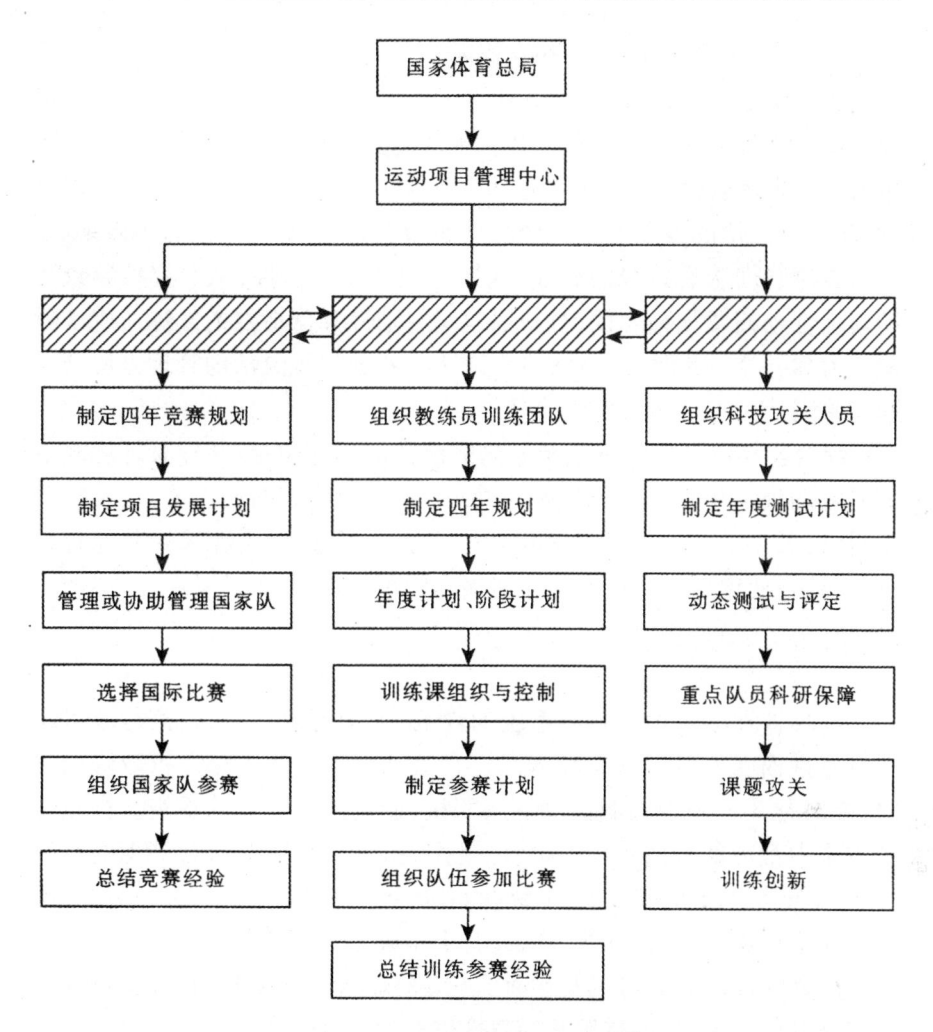

第三章 运动员运动训练管理理论与方法

```
                    ┌─────────────┐
                    │ 国家体育总局 │
                    └──────┬──────┘
                           ↓
                  ┌────────────────┐
                  │ 运动项目管理中心 │
                  └────────┬───────┘
          ┌────────────────┼────────────────┐
          ↓                ↓                ↓
    ┌─────────┐      ┌─────────┐      ┌─────────┐
    │/////////│ ←→   │/////////│ ←→   │/////////│
    └────┬────┘      └────┬────┘      └────┬────┘
         ↓                ↓                ↓
  ┌──────────────┐ ┌──────────────┐ ┌──────────────┐
  │制定四年竞赛规划│ │组织教练员训练团队│ │组织科技攻关人员│
  └──────┬───────┘ └──────┬───────┘ └──────┬───────┘
         ↓                ↓                ↓
  ┌──────────────┐ ┌──────────────┐ ┌──────────────┐
  │制定项目发展计划│ │  制定四年规划  │ │制定年度测试计划│
  └──────┬───────┘ └──────┬───────┘ └──────┬───────┘
         ↓                ↓                ↓
  ┌──────────────┐ ┌──────────────┐ ┌──────────────┐
  │管理或协助管理国家队│ │年度计划、阶段计划│ │  动态测试与评定 │
  └──────┬───────┘ └──────┬───────┘ └──────┬───────┘
         ↓                ↓                ↓
  ┌──────────────┐ ┌──────────────┐ ┌──────────────┐
  │  选择国际比赛  │ │  训练课组织与控制 │ │  重点队员科研保障 │
  └──────┬───────┘ └──────┬───────┘ └──────┬───────┘
         ↓                ↓                ↓
  ┌──────────────┐ ┌──────────────┐ ┌──────────────┐
  │ 组织国家队参赛 │ │  制定参赛计划  │ │   课题攻关    │
  └──────┬───────┘ └──────┬───────┘ └──────┬───────┘
         ↓                ↓                ↓
  ┌──────────────┐ ┌──────────────┐ ┌──────────────┐
  │  总结竞赛经验  │ │  组织队伍参加比赛 │ │   训练创新    │
  └──────────────┘ └──────┬───────┘ └──────────────┘
                          ↓
                   ┌──────────────┐
                   │ 总结训练参赛经验│
                   └──────────────┘
```

图 3-1 运动训练管理体系结构[①]

三、运动训练管理的常见方法

（一）法律管理法

法律管理法是指运用体育相关法律、条例等对运动训练中的各种管理进行调节,以保障运动训练正常进行的管理方法。采用法律管理法时,不仅涉及各项法规的建立与健全工作,还涉及相关的仲裁与司法工

---

① 杨桦,李宗浩,池建.运动训练学导论[M].北京:北京体育大学出版社,2007.

作,这些管理工作密切关联,相互影响。

从本质上来看,法律管理法就是运用上层建筑的力量对训练活动施加作用的管理方法。颁布符合客观规律与要求的各项法律法规,将其运用到运动训练管理中,能够促进运动训练的有序发展。采用法律管理法时,要强调法律的强制性、严谨性,从而加大管理力度,提高管理效果。

法律管理法有自身的弊端,如缺少弹性和灵活性,从而容易导致运动训练管理的僵化和死板,对基层组织主动性和创造性的发挥造成了限制。为弥补这一不足,应将法律管理法与其他比较灵活的管理方法结合起来共同运用于运动训练的管理中。

综合使用法律方法和其他管理方法的原因还包括,法律管理法并不能将运动训练中的所有问题都解决好,运动训练中的经济关系、人际关系、社会关系等有时不适合运用法律方法去调整,而需要采用其他管理方法,综合使用各种管理方法才能提高管理效果。

(二)行政管理法

行政管理法是按照行政系统的规范,采用行政手段,发挥行政组织的权威性而实施管理的一种方法。在运动训练管理中采用行政管理法时,要对行政组织中的职位、职务、职权、职责给予充分的重视。行政管理方法中常见的行政手段有命令、规定、指示、决议等,行政管理的实施程序一般是上级发布命令,下级执行命令,上级督查命令执行情况,调解处理执行命令中遇到的问题,这几个步骤是环环相扣的。

行政管理法有自身的局限性,必须正确运用这项管理方法,将其作用充分发挥出来,才能克服其局限性带来的不良影响。

在运动训练管理中采用行政管理法时要注意以下几点。

首先,管理者要清楚,服务才是行政管理的本质和根本管理目的,不以服务为目的的行政管理必然会引起一些不当现象或行为,如不遵守规章制度和道德规范,个人利己主义倾向等。但如果在管理中忽视了行政方法的重要性,也难以贯彻服务宗旨,实现服务的目的。

其次,管理者的素质决定了行政管理的效果,采用行政管理法进行运动训练管理,要求管理者具备很高的综合素质,尤其是具有很强的管理能力,要求管理者具备以理服人、以德服人的智慧和能力。

再次,运用行政管理法时,管理者要统筹全局,提出统一性要求,并建立灵敏有效的信息系统,及时获取有效信息,根据综合分析判断而作出决策。上级管理者既要向下级管理者传达行政命令,又要发送各种预测和反馈信息,为管理工作的开展提供参考。

最后,行政管理法强调职位和职权,所以约束力较强,执行起来比较顺利,容易得到下级执行者的配合。但正因如此,下级执行者的利益要求也常常被忽视,这不利于对下级工作积极性的调动,容易导致下级在执行管理工作时缺乏动力,从而影响管理效率和最终效果。鉴于此,在运动训练管理中也要将行政管理法与其他管理方法结合起来使用,取长补短,共同发挥作用,提升管理水平。

(三)经济管理法

经济管理法是指依据市场经济规律,采用经济手段对不同经济主体之间的利益关系进行调节,从而达到理想管理效果的方法。经济手段有宏观和微观两种类型,前者包括税收、价格、信贷等,后者包括工资、经济合同、奖金等。各种经济手段都有自己的重要作用和使命,在不同领域发挥着举足轻重的价值。

在市场经济条件下,运动训练发展水平不断提升,经济管理法作为一种基本管理方法,在运动训练管理领域的重要意义越来越突出,也越来越受运动训练管理者的重视。经济管理法和其他管理方法一样,有自己独特的功能、适用范围和使用场景,所以要具体结合运动训练的实际情况来合理使用经济管理法。

在运动训练管理中使用经济管理法时,为了防止管理失效,要先确定是否存在经济利益关系,相关经济主体是否有对物质利益的追求,只有先肯定了这两点,才能运用经济管理法,而且使用过程中也要注意各种经济手段的使用限度。例如,利用奖金这一经济手段可以刺激运动员训练的积极性,但设置奖金要有限度,超出限度,奖金不仅起不到激励作用,还可能引起内部矛盾。

需要注意的是,经济管理法不适合用于对运动员的思想政治教育和职业道德教育,否则容易使运动员产生利己主义倾向,从而误导运动员的思想价值观。

经济管理法同样有自身的局限性,在实际运用中需要与其他管理方法结合使用,一般来说,经济管理法与下列不同管理方法的结合运用能够起到不同的效果。

第一,将经济管理法与法律管理法结合起来使用,能够促进经济管理法规范性的强化与法律效力的提升。

第二,将经济管理法与行政管理法结合起来使用,能够促进经济管理手段权威性的增强。

第三,将经济管理法与宣传教育法结合起来使用,能够更好地把握运用时机,从而发挥经济管理法的效力。

(四)宣传教育管理法

运动训练管理的宣传教育法是指通过各种形式的宣传教育途径或方法来达到管理目的的方法。宣传教育法具有引导性、说理性、灵活性、多样性和表率性等特征,能够启发管理者和被管理者的积极自觉性,从而使管理者与被管理者都自觉遵守管理制度,按规章制度开展或配合管理工作,这也有利于发挥管理的教育作用。

第三节 运动训练管理系统的构建

运动训练管理系统由管理者、管理对象、管理环境以及信息四个要素组成,本节具体从这四个要素着手分析运动训练管理系统的构建。

一、管理者

在运动训练管理系统中,管理者居于举足轻重的地位,他是管理系统的代表者和管理系统运行能力的体现者。管理者作为管理系统运行的主导者与指挥者,以决策为核心职能,计划、组织、监督、控制等是管理者在开展管理工作时的具体职能活动,而这些都体现在决策中。作为一名运动训练管理者,必须全面了解和正确把握运动训练及管理的基本规律,具备良好的决策能力和管理能力。

二、管理对象

运动训练管理系统以"人"为主要管理对象,主要包括教练员、运动

第三章 运动员运动训练管理理论与方法

员及其他相关人员。物质生产领域的主要任务是改造原料,这是对物的改造,而运动训练则不同,它是对人的改造,从根本上来看,运动训练过程就是系统改造运动员各方面能力的过程,因此运动训练管理系统将人作为最基本最主要的管理对象。

在运动训练管理中,对教练员、运动员思想和行为的管理必须引起高度重视,同时要对管理对象与管理环境的相互作用进行分析,准确把握相互关系,通过科学管理而开发一批优秀的竞技体育人力资源。

三、管理环境

运动训练管理系统中还包括由诸多因素构成的复杂的管理环境,其主要内容见表3-1。

表3-1 运动训练管理环境的内容[①]

管理环境内容	具体内容
财物保障	财务
	场地器材
	生活服务
科学指导	诊断
	咨询
医学监督	营养
	医务
	恢复
管理制度	生活管理制度
	岗位责任制
	会议制度等
项目布局	项目合理布局
	项目管理体制
文化教育	思想政治教育
	文化学习

---

① 孙登科.运动训练学[M].北京:北京体育大学出版社,2006.

四、信息

运动训练管理系统内部和外部的各种相互作用或联系统称为信息,包括内部信息和外部信息。

(一)内部信息

运动训练管理系统的内部信息是指教练员与运动员之间的相互作用和联系,这是该系统存在与动态变化的内在根据。内部信息又可以分为作用信息和反馈信息。

1. 作用信息

这是教练员根据运动训练管理目标对运动员施加的各种物质和精神作用,以激发运动员的训练动机,进而使运动训练管理系统从初始状态向目标状态转移。

2. 反馈信息

这是运动员对作用信息的反馈,也是对运动训练管理效果的反映。教练员获得反馈信息,发现运动训练管理系统的实际状态与计划预期、目标状态的偏差,分析偏差的原因,寻求消除偏差的方法手段,对运动员进行新的管理调控,以实现管理目标。

作用信息与反馈信息的相互作用和循环往复构成了运动训练管理系统的管理实践活动。

(二)外部信息

运动训练管理系统的外部信息是指该系统与环境的相互作用与联系,它是系统运动、变化的外因和运动训练管理系统对环境作用的功能效果。外部信息可以分为输入信息和输出信息两种情况。

1. 输入信息

这是环境对运动训练管理系统的作用,包括国内外信息以及高层次运动训练管理者的指令。输入信息对整个管理活动有重要的意义,尤其是上级下达的运动训练管理目标,它是管理者行使管理职能的根据,是衡量管理质量与效果的标准。

输入信息广泛、复杂,还包括自然环境和社会环境对管理系统的作用,大量干扰信息及不利因素的作用也包含其中。

2. 输出信息

这是运动训练管理系统对环境的作用,它反映了整个运动训练管理的实际状况,如管理目标或计划目标的完成情况;管理的经济效益、社会效益和实际问题等。[1]

总之,输出信息体现了整个运动训练管理系统的价值和实际功能作用,同时又是对上级指令的反馈,因此输出信息也是上级管理者实施有效管理的依据。

第四节 运动员运动训练管理与指导

一、运动员的管理

(一)明确运动员的角色

1. 运动员是主要管理对象

运动训练系统中,运动员是不可或缺的重要主体,运动员的训练和比赛成绩是竞技体育工作成效的集中表现,因此在运动训练管理中必须围绕运动员及其活动而组织开展各方面的管理工作。

运动训练管理以运动员为主要对象,运动员训练管理和比赛管理是运动员管理的重点,此外运动员管理还包括日常生活管理、文化学习管理等内容,通过全面严格的管理,确保能够有序开展训练工作,从而有效促进运动员思想政治水平、道德素养、文化水平以及运动能力的提升,最终使运动员创造优异比赛成绩。

---

[1] 杨桦,李宗浩,池建. 运动训练学导论[M]. 北京:北京体育大学出版社,2007.

2. 运动员是管理工作的参与者

运动训练管理工作十分复杂,运动员要有主人翁意识,以高度的责任感积极参与管理工作,指出管理中的主要问题,提出改进建议,从而为运动训练管理增添活力,确保管理工作与训练实践的高度适应性,有效提高训练管理成效。

(二)满足运动员的合理需要

动机与行为的产生都离不开人的内在需要,这是现在行为科学的一个基本观点。所以,要激发运动员的训练积极性,就必须了解运动员的真实需要,并努力满足他们的合理需要,解决运动员的实际问题,使运动员没有后顾之忧。只有深入了解与认真分析运动员的需要,采取针对性措施满足其需要,才能预防失去人心,才能激发运动员的正确训练动机,提高运动员参与训练和配合管理的积极性。

(三)建立健全规章制度

在运动队管理中,要使每个队员都能对团体目标有正确的理解,并自觉维护团体目标,为实现团体目标而努力训练,将实现团体目标作为自己的行为准则。为了使运动员正确认识和深入理解团体目标,促进其认知水平和理解力的提升,要对每个队员进行深入的思想教育,防止运动员因不理解团体目标而出现心理障碍,作出不利于实现团体目标的行为。

当运动员确实存在与团体目标背道而驰的不良行为时,管理者要运用规章制度来及时约束和制止,进行强制性管理。运动训练管理系统的有序运行离不开法的约束和保障,法具体表现在规章制度上,没有明确的规章制度,是无法实现管理目标的。在运动员管理中必须遵循动之以情,晓之以理,约之以法的基本原理,为更好地保障运动员管理工作的顺利开展和管理实效,必须建立健全相关规章制度。

(四)加强思想教育

加强对运动员的思想教育工作是运动员管理中一项十分重要的任务。加强运动员思想教育应主要从以下几方面开展工作。

第三章　运动员运动训练管理理论与方法

1. 引导运动员树立正确的世界观和人生观

正确的世界观、人生观是人们接受外界刺激作出正确反应的根据。不同的人因为世界观、人生观的不同,对同一事物会作出不同的反应。要想让运动员对训练安排有正确的认识,就应该帮助运动员树立正确的世界观、人生观。

运动员正确的世界观、人生观不是与生俱来的,也不是轻易就能接受的,比如集体主义观念、全局观是高度抽象的理念,而青少年运动员的思维能力尚不成熟,往往难以接受抽象的理念、进而树立正确的世界观和人生观,所以在运动员管理中必须加强对运动员的思想教育,帮助运动员树立正确的世界观、人生观。

2. 通过说服教育解决运动员思想问题

在运动员管理过程中矛盾普遍存在,有思想问题,也有实际问题,思想问题大都是由思想观点的偏差造成的。用说服教育的方法去解决运动员的思想问题是非常有效的。

3. 运用激励措施激发运动员的创造性

在运动员管理中要注意采用精神鼓励法激发运动员的精神需求,其中思想政治动员是非常有效的一种宏观激励法,采用这一方法时,要使运动员清楚团队的远大目标、集体共同利益,在此基础上深入开发运动员的内在潜力,激发运动员训练的主动性和创造性。[1]

二、运动员运动训练过程的控制与管理

(一)运动训练过程的控制

运动员运动训练过程的控制就是通过采用科学的方法策略,推动运动训练过程的有序运行,顺利达到预期的训练目标。运动训练目标能否实现,一定程度上取决于对运动训练过程的控制效果。所以,在运动训练过程管理中,教练员和运动员作为控制者必须科学规划、认真落实以及灵活调整运动训练过程,切实优化运动训练过程,提升训练成绩。

---

[1] 刘青. 运动训练管理教程 [M]. 北京:人民体育出版社,2007.

1. 控制举措

运动员运动训练过程的控制包含下列三个环环相扣的环节。

（1）对运动训练过程的科学规划

这一环节的工作要点如下。

第一，对运动员的现实状态作出客观诊断和评价，为制订专门性的运动员训练计划提供依据。

第二，对运动员的现实状态、训练潜力进行科学分析和准确判断，设计合理训练目标。

第三，对训练阶段及各阶段的训练任务、内容与方法等进行科学规划，保障各阶段训练效果的延续性。

第四，对运动员训练效果评估指标与方法进行设计。

（2）对运动训练过程的认真实施

运动训练目标的实现离不开教练员和运动员对运动训练过程的认真履行和实施，所以必须认真做好每个阶段、每个时期、每节课的训练组织工作。教练员要依据运动训练的基本规律、科学理论和先进方法开展与指导训练工作，加强对运动员的思想教育工作，提出严格要求，认真检查督促运动员的训练过程，促进运动员运动成绩的提升。

（3）对运动训练过程的及时调整

对运动训练过程的调整是运动训练管理系统的组成部分之一，是有效控制与优化运动训练过程的有效途径。在这一环节，要做好对决策的调整，然后及时传递新的指令，不断优化训练。

2. 信息存储与运用

运动员运动训练过程中会有大量的各种各样的信息产生，有些信息能够将运动员的现实状态反映出来，参考这些信息能够对运动训练过程进行有效组织与控制。所以，在运动训练过程控制中储存这些有价值的信息是非常必要的。在基础训练阶段，存储训练信息主要采用档案袋存储方式，档案的内容与训练诊断的内容要充分对应，通过存储信息而对运动员的训练过程、训练结果、竞技能力以及运动成绩等基本情况进行完整记录。记录存档则主要采取直观简便的表格形式，示例见表3-2至表3-4。

第三章 运动员运动训练管理理论与方法

表3-2 运动员训练经历[①]

姓名_____ 填写时间___年___月___日

阶段	项目	起止年月	训练地点	教练员	主要训练任务	比赛最高成绩及(或)最好名次
业余训练						
省队训练						
国家队训练						
获得等级称号时间	一级		何时打破何项全国、世界纪录		何时受过何种奖励或处分	
	健将级					
	国际健将级					

表3-3 运动员大周期训练情况[②]

姓名_____ 项目_____ 教练员_____ 起始水平_____ 指标_____ 实现_____

阶段划分	准备期		比赛期		过渡期
起止日期					
天数					
训练日					
训练课次					

---

① 王家宏,姚辉洲.运动训练[M].桂林:广西师范大学出版社,2009.
② 同上。

续表

阶段划分		准备期		比赛期		过渡期	
运动负荷	共计						
负荷量							
负荷程度							

表 3-4 运动员竞技能力特征评定[1]

姓名_____ 填写时间____年___月___日

	身高		体重		坐高		下肢长		足长	
身体形态特征	大腿长		小腿长		大腿围 左/右		小腿围 左/右		手长	
	上臂长		前臂长		上臂围 左/右		前臂围 左/右		肩宽	
	体脂		肌纤维比例 红/白				体形类别判定			
身体机能特征	心血管系统		心率			血压		心容积		
			血型			血色素		血乳酸最大值		
			心电图					无氧阈		
	呼吸系统		最大吸氧量			肺活量		呼吸频率		
	消化系统		牙			肠		胃		
	泌尿系统		尿蛋白			尿胆原		尿肌酐		
	内分泌系统		雄性激素			肾上腺素		甲状腺激素		

---

[1] 梁智恒,孙丽波,鞠复金.运动训练原理与实践[M].哈尔滨:东北林业大学出版社,2008.

第三章 运动员运动训练管理理论与方法

续表

身体素质特征	一般素质	100米	立定跳远	纵跳	挺举	
		俯卧撑	引体向上	1 500米	体前屈	
	专项素质					
技术特征	协调能力	灵敏	节奏	平衡	定向	学习动作
	专项技术特征					
战术特征	战术意识					
	战术能力					
心理特征	个性心理特征	神经类型		性格特征		
		兴趣		简单反应时		选择反应时
	心理过程特征	注意力集中		自我激励		
		自我控制		自我放松		
智力特征	一般智力特征	智商		一般学习能力		
	专项运动智力特征	技术理解能力		自我监督能力		

对运动员的训练信息进行存储时,要正确使用档案存储法,具体要求如下。

第一,测试信息必须准确、可靠、真实、有效。

第二,对负荷数据的标准要统一规范,以便更好地对比数据。

第三,档案的保存可以采用活页的形式,为分类存储和查阅提供便利。

第四,将训练档案的信息充分利用到运动训练过程的相应环节中,如设计环节、计划环节、评价环节以及调整环节等。

(二)运动训练目标管理

对运动训练目标的开发与制定是运动训练过程管理的第一个子程序。运动训练目标是运动训练活动的开端,也是训练的归宿,因此在运动训练过程管理中要特别重视对运动训练目标的开发与管理。运动训练管理者的科学决策水平和决策能力往往决定了运动训练目标开发的科学性和正确性。

关于运动训练目标开发的决策是有竞争性和风险性的,因此给开发工作带来了难度,对此我们要充分重视起来。运动训练目标最终指向参赛成绩和名次上,因此具有不确定性,会因为竞争对手而发生变化,还有一些不确定的因素也会对其产生影响,包括社会因素、政治因素、经济因素、文化因素等。众多因素的影响又进一步增加了运动训练目标制定与实现的难度,这就要求在运动训练目标的开发中留一些余地,既不能定得过高,也不能定得过低,要充分论证训练目标实现的可能性,并不断优化目标。

在制订运动训练目标以后,还要对目标分析给予足够的重视,目标分析要细致、全面,构建的运动训练目标体系要达到层次清晰、内部协调统一的要求,通过分析使运动训练目标具有更强的可监控性。

(三)审批运动训练计划

教练员科学诊断运动员的起始状态,针对运动员的实际情况制定训练策略,设计训练计划。对训练计划的审批也是运动训练过程管理的一部分,审批工作主要从以下几方面展开。

1. 审查诊断的科学性

对运动员起始状态的诊断工作结束后,要对诊断的客观性、可靠性和有效性进行审查,并对诊断结果的准确性进行审查。

第三章 运动员运动训练管理理论与方法

2. 审查训练对策的科学性

对运动训练对策的可行性、必要性、可操作性以及有效性进行审查，这些都属于训练对策科学性审查的范畴。通过审查，去除非必要的对策，调整或修改可行性不高以及缺乏有效性的对策。

对运动训练对策的科学性进行审查时，关键要看运动训练对策是否有利于使运动员的竞技能力得到全面有效的提高，是否能够顺利实现预期的运动训练目标。

3. 终审

运动训练计划是关系到接下来运动训练活动开展的具体方案，未来训练活动能否顺利开展，运动训练目标能否顺利实现，都要以制订科学合理的运动训练计划为基础。因此要在终审阶段审查运动训练计划的明确性、系统性和可行性。

（1）审查明确性：计划目标是否明确；检查评定标准是否明确。

（2）审查系统性：运动训练计划内部是否协调统一。

（3）审查可操作性：现实条件下能否顺利实施训练计划。

完成以上审查后，管理者决定是否批准实施训练计划。

（四）监督运动训练计划的实施

在运动训练计划的实施过程中，运动训练管理者要做好监督工作，但不能直接对教练员的训练工作进行干预，而要通过间接管理的方式来监督，主要就是对运动训练计划中横向和纵向目标的完成情况进行检查。如果训练任务的完成情况与计划目标不符，要及时向教练员反馈，与教练员共同商讨改进策略。

（五）处理突发事件

运动训练过程受到诸多因素的影响和干扰，在训练中有突发事件也在所难免，运动训练管理者必须及时妥善地将突发事件处理好，遏制突发事件造成的恶劣影响，将损失降到最低。

针对运动训练过程中可能出现的突发事件，要提前做好预案。当突发事件出现后，要第一时间了解真实情况，分析根本原因，最后提出解决对策。必须及时对突发事件进行处理，防止突发事件的影响扩大，对运动训练造成严重影响。

三、运动员运动训练指导

（一）运动员训练负荷的合理安排

训练负荷是由训练量和训练强度决定的。有关研究指出，在运动训练中，要循序增加训练次数，只要不造成过度训练，就可以持续不断地增加练习次数。运动员的训练频率越高，训练适应效果就越好。每次训练课上适当增加训练次数，能够促进运动员生理适应能力的提升。但训练量的增加不是盲目的，而要综合考虑多方面的因素，包括运动专项、训练阶段特征、训练目标、运动员需求等。

训练强度对训练负荷也有重要影响，但训练强度不能像训练量那样一直持续不断地增加，长期进行高强度训练，不利于产生稳定的生理适应。而如果运动员不具备稳定的生理适应性，就容易出现过度训练症状，并造成运动成绩的起伏波动。而如果进行适宜强度的训练，就能使运动员的生理适应过程更加稳定。要达到最佳生理适应水平，就必须对训练量和训练强度作出系统改变与科学调整。

训练量和训练强度是运动负荷的两个重要方面，平衡训练量与训练强度的关系有利于保障运动负荷的科学性与合理性，这是运动训练过程中必须贯彻和遵守的一项基本原则。

不同训练阶段的训练量、训练强度各有侧重，存在差异，二者的关系也因此而发生变化，这个变化具体从训练时间、训练内容、训练方式等多个方面的调整与变化中体现出来。例如，在训练准备阶段早期，训练内容以身体训练为主，身体训练方式又以大负荷训练为主，并通过增加训练量和减小训练强度来完成大负荷训练。经过这个阶段的训练后，在身体训练过程中就要不断增加训练强度，同时逐渐减少训练量。此外，技战术的训练继而成为训练的主要内容，这时为了提高技战术能力，取得优异的运动成绩，要将训练强度逐渐增加，同时训练负荷量要适当减少。总之，要根据不同训练阶段的不同侧重点来对训练量与训练强度的关系进行调节。

在运动训练过程中确定最佳训练负荷是一项复杂的工作，要考虑运动项目特征、训练阶段、运动员发展水平等诸多因素，因此对训练量和训练强度进行量化评价是比较可取的方法。

(二)运动员训练期间的卫生指导

1. 运动训练活动的卫生

如果每天一次训练课,适合安排在下午,如果每天两次训练课,则上下午各一次。因为运动能力在一昼夜出现两次高潮,第一次是上午 9~11 时,第二次是下午 16~18 时。不管是哪次训练课,都要尽可能满足以下几点卫生要求。

(1)运动员在训练课上要穿适体和符合专项运动要求的服装。
(2)注意运动场地的卫生和设备器械的安全。
(3)在整洁干净、通风良好的环境下训练。

2. 饮食的营养卫生

(1)运动员要防止暴饮暴食和摄入不符合卫生要求的食品,以免出现肠胃道疾病和传染病。
(2)注意饮水卫生,剧烈运动后不宜大量喝水,根据排汗量多少补水,要做到少量多次,不要一次饮用过量的水,以免胃肠中水分过多影响消化和食欲。

3. 睡眠

(1)定时睡眠,定时起床,保证每天 8 小时左右的睡眠时间。
(2)午饭后有适宜的午休时间。

4. 学习与休息

学习与休息合理交替。一般上午安排文化理论学习,穿插安排不同学习课程,以提高学习效率,延缓疲劳。

第四章　运动员科学训练之体能训练指导

　　充沛的体能是运动员训练的基础,无论从事哪项运动,都需要足够的体能作为支撑。运动员的体能训练主要是指运动体能,是指在神经中枢的支配之下,运用力量、速度、耐力、平衡、协调、灵敏等能力,完成各个专项运动所需的高难度动作。本章将从体能训练概述、运动员基础体能训练指导以及运动员专项体能训练指导三部分展开研究,希望对我国运动员的科学训练以及对我国竞技体育的强势发展带来一定的推动作用。

第一节　体能训练概述

一、体能训练的含义

　　体能训练是体育运动的基础性训练,是开展高水平运动的前提,体能训练是结合专项需要并通过合理负荷的动作训练,是改善运动员的身体形态,提高运动员身体技能以及各器官系统的功能并充分发展运动素质的必经过程。体能训练是技术训练和战术训练的基础,也是提高和掌握专项技战术的基础。在竞技体育领域,几乎任何一个运动项目都需要运动员能够承担大负荷的训练和激烈的比赛,通过体能训练,还可以促进运动员身体健康,具有防止伤病及延长运动寿命等重要作用。
　　体能训练的基本内容是充分发展与运动员专项运动成绩密切相关的力量、速度、耐力、柔韧、灵敏等运动素质,从而深刻影响和促进运动员身体形态和机能的改善,提高运动员的健康水平,为专项运动成绩和技术水平的不断发展奠定良好的基础。

二、体能训练的分类

体能训练包括一般体能训练和专项体能训练。

一般体能训练是指全面的以增进运动员身体综合素质为目的的体能训练内容,一般体能训练可以很好地提高机体各器官的系统机能,协调发展机体的运动素质。同时,一般体能训练不仅可以明显地改善身体形态,更重要的是,通过一般体能训练还可以为专项体能训练以及专项成绩的提高打好基础。

专项体能训练是指针对专项运动的直接用于提高专项素质的训练。专项体能训练与专项运动具有密切的联系,通过专项体能训练,努力挖掘运动员的潜力,最大限度地发展其从事相关专项运动的特殊技能。专项体能训练会随着运动员成绩水平的提高而不断变化,其目的是最大限度地提高运动员的专项成绩。

一般体能训练和专项体能训练的关系可表现为,一般体能训练是专项体能训练的基础,一般体能训练是为专项运动素质的提高而创造出必要的、有利的训练条件。专项体能训练是提高专项运动水平和运动成绩的特殊需要,具有极强的针对性和目的性。随着专项水平的不断提高,一般体能训练所提供的基础及专项体能训练的要求也要随之改变,以适应专项提高后的要求。一般体能训练和专项体能训练总的目标是一致的,在训练实践中往往难以截然分开。

三、体能训练与身体训练的区别

要想进一步理解体能训练的含义和作用,还需要将其与传统的身体训练的概念相区别。身体训练主要侧重于对某一运动素质的提高,比如速度、力量、耐力和柔韧等,一般的情况下,身体训练的目标较为具体,训练形式也相对简单,它往往是忽略整体机能潜力和机能能力的提高,可以从以下两点进行理解。

(1)身体训练更加侧重对某项运动素质的提高,对运动员的整体运动能力、对抗能力、适应大负荷与高强度的抗疲劳能力,以及顽强拼搏的心理品质没有给以应有的重视。

(2)运动素质是机能能力在基本运动能力的某一方面的具体表现,

例如力量能力、速度能力等，是体能的构成因素。简而言之，运动素质是体能水平的外在表现形式，体能是运动素质的内在决定因素。因此，体能与运动素质有密切的联系，体能训练与身体训练有密切的联系，两者既有联系，又有区别。

（3）体能训练的目标是把运动素质训练纳入运动员整体运动能力中。它把运动素质训练作为人体生物学机能发展和机能适应训练的一部分。体能训练是人体器官和机能系统在结构和机能能力上的适应性再塑造工作，是运动员心理意志品质的再塑造工作。

四、体能训练的价值

（一）可充分发展运动员的运动素质

现代竞技运动发展迅速，全世界各国的优秀运动员不断地刷新各个项目的运动记录，不断地将人类竞技体育推至更高的位置。与此同时，这也意味着运动员之间的竞争更加激烈，竞技体育对运动员提出了更高的要求，这首先就体现在对运动员运动素质的要求上。对于运动员来说，要想充分发展人体的运动潜力，在高手如云的赛场上能创造优异成绩，首先需要从发展和提高力量、速度、耐力、柔韧、灵敏和协调能力等运动素质开始，得到优异运动素质的途径，就是体能训练。通过体能训练，运动员能够系统地发展其力量素质、速度素质和耐力素质，同时，在柔韧素质、灵敏素质、平衡素质方面也得到协调发展。

（二）为机体适应大负荷训练做准备

现代竞技运动，比赛强度高，竞赛频繁，需要运动员在艰苦的训练和高压的比赛之间不停地切换。既要能应对日常高强度的训练，又要在重大比赛中奋力拼搏，这些都需要运动员具备超强的体能才能顺利应对。也就是说，运动员只有经过长期的、大负荷的运动训练，对有机体进行生物学改造，才能接受挑战，并娴熟掌握专项技术及战术。现代竞技体育已经进入科学训练阶段，这是一个以广泛运用现代科技成果为特征的运动训练方式，通过先进的科学手段，可以系统地监测运动员的训练过程，同时结合大负荷的运动训练，可以明显地提高训练效果。

然而，大负荷训练本身就对运动员有极高的要求，它要求运动员必须具有强健的体魄和优良的身体机能能力。而只有通过体能训练才能打下这样坚实的基础,并使运动员在不断加大负荷的情况下,满足训练和比赛的需要。

生理学研究表明,在一定范围内给机体的负荷越大、刺激越深,相应的体能提高就越快。当一个时期的负荷量达到一定高度时,机体已经适应了这个强度的负荷,那么就需要提高负荷强度来进一步发展专项水平。当负荷强度达到有机体最大承受能力时,又需要在负荷量上有所突破,才能使整体训练水平跃上新台阶,人体的各项体能素质是以螺旋状上升的。有大量的研究数据表明,运动负荷和体能训练是提升各项身体机能的根本动力。但是需要注意的是,负荷并不是可以无限增加上去的,当负荷强度超过了机能最大承受能力,不仅不会增强机能,反而会带来劣变反应,因此,需要在科学的监督下进行训练。

(三)有利于掌握先进复杂的技术

体能训练也是为了掌握复杂先进的运动技战术而做的必要准备。实际上,运动员的机体各器官、系统的功能只有在协调发展的基础上,才能发挥出更好的状态,才有能力去挑战更高、更难的技术动作。因此,体能训练是运动员发展专项水平的必经之路,是具有完备的专项竞技运动能力的必然过程。不同运动项目对机体的素质要求以及运动能力有着不同的要求。例如,短跑运动员和越野跑运动员、马拉松运动员虽然都属于跑步项目,但是每个项目对运动员的要求差别很大。短跑运动员必须具备突出的爆发力、良好的反应速度、快速移动速度和专项柔韧性,以及高度的对快速运动的协调能力。而马拉松运动员更多的是对有氧耐力和协调能力的要求。越野跑运动员既需要爆发力,也需要耐力以及强大的柔韧素质。而体操、武术、拳击和球类等运动,则对各项运动素质都有很高要求,只有在充分、协调地发展每一种运动素质的前提下,才能真正地掌握复杂、先进的技术,而体能训练正是实现这一目的的基本保证。

(四)是创造优异比赛成绩的前提

运动员的竞技能力是其取得优异成绩的前提和主导因素,他们的身体形态、身体机能、运动素质、技术、战术、心理和智力因素等共同构成了其运动水平的基点。一般来说,影响和决定运动员运动水平的几大因素可大体上概括为体能、技能和心理能力。体能是竞技能力的物质基础,它由运动员的身体形态、身体机能和运动素质所体现。没有体能,技战术都会成为无源之水,心理能力无从谈起。现在在一些竞技体育发达国家,会为运动员配备专门的体能训练教练,可见体能训练对运动员的重要性,高水平的体能基础几乎是创造优异比赛成绩的基本条件。

（五）有效延长运动员的运动寿命

竞技运动的魅力是高水平运动员的竞技能力的施展,同时,这也意味着运动员常常承受着超载的训练量才能获得如此骄人的成绩。不可避免的,竞技体育对运动员的淘汰是相当残忍的,在英才辈出、高手如云的竞技领域,有很多职业运动员还没有来得及发挥出自己的全部水平就要面临被淘汰的境遇。有数据显示,强大的运动水平是建立在有机体形态的改变、机能水平的高度发展的基础上的。体能训练对身体形态改变越深刻,有机体机能发展水平越高,其衰退速度也就越慢,保持时间也就越长。也就是说,只有具备了体能基础,运动员的专项技战术能力才能保持更长时间,运动水平衰退速度也会变慢,运动员就能较长时间地保持高水平的竞技运动能力,延长其运动寿命。

五、体能训练的发展趋势

（一）体能训练逐渐趋于国际化

现代竞技运动已经发展得相当成熟,体能训练也在不断地更新迭代中,国内外的交流也日益频繁。就我国的情况而言,很多运动项目我们都聘请了国外知名体能教练担任我们国家多种运动队的体能训练教练,这在很大程度上提高了我国运动员的整体运动水平。同时,我们国家的杰出代表也会到国外进行体能培训和交流。在当今的竞技体育领域,体能教练已成为一个国际性的职业,并且我国有越来越多的年轻学子去国外专门接受体能训练的深造和培训。随着国内外的交流不断深入,体能训练已经逐渐焕发出国际化的特性。

（二）体能训练日渐科学信息化

随着科学技术的进步,各种先进的训练设备、训练手段、信息交流等不断引入体能训练中。对运动员训练过程有了更加细致和深入的跟踪和研究,通过训练过程中对运动员各项身体指标的检测,很快就可以得到专业的数据供教练和运动员研究和参考,这为接下来的训练提供了非常宝贵的信息资源。体能训练的手段和分类越来越科学化,训练日趋专项化,训练方法和手段的供能特点及对机体的负荷特征更加接近运动员的比赛状态。例如,在训练过程的每个阶段,都非常明确地以比赛要求进行训练,因为先进的技术手段可以让教练和运动员对训练过程更具掌控性,可以有目的地选择体能训练手段、训练时间和训练周期。

以科学理论为指导,制定科学的训练计划,广泛运用科技成果,采用先进的技术与科学的训练方法和手段,对体能训练的全过程实施最佳调控,传统和现代训练方法相结合,更加注重实效性和发挥个人特点,发展了许多新的训练方法。每年的体能教练培训和国际交流都带来大量的体能训练信息。

(三)核心力量训练不断被重视

核心力量对于各个项目的运动员都具有重要的意义,因为每一项运动的专项技能和动作,都是以中心肌群为核心的运动链,强有力的核心肌群对运动中的身体姿势、运动技能和专项技术动作起着稳定和支持作用。需要强调的是,任何竞技项目的技术动作都不是依靠某单一肌群完成的,每一个动作都须动员多个肌群协调参与,而核心肌群更是重中之重,是所有运动动作的强大后盾支持。

简单地说,无论哪项运动,核心肌群在整个运动过程中担负着稳定重心、持续发力和传导力量等作用,对上下肢体的协同工作及整合用力起着承上启下的枢纽作用。现代竞技运动对运动员的体能训练更加强调系统的整体性,因此对核心力量的训练尤其重视。

(四)训练、管理、恢复一体化

现代体能训练尤其重视训练过程中的科学管理,对训练每一个阶段、每位运动员的训练状况都能做到个体跟踪、整体分析,这体现了现代体能训练的科学管理的能力。通过高科技的检测分析手段,教练和运动员能够非常清晰地了解训练过程会产生怎样的效果,以及过程中有哪些需要调整和改进的地方,从而实现科学训练。同样的,体能训练对运动员的训练恢复也高度重视,采用多种科学手段促使运动员快速地恢复到最佳状态。恢复是消除疲劳的最佳手段,也是提高运动员体能状态的最佳手段,因此采取科学有效的手段对运动员进行训练恢复,构建高效能的恢复训练体系就尤显重要。

第二节 运动员基础体能训练指导

一、力量素质训练

(一)最大力量训练

1. 训练要点

(1)提升最大力量是从提高神经支配能力开始的,使用85%以上的负荷强度,逼近人体的极限用力,然后募集尽可能多的肌纤维参加工作。训练时注意组间间歇要相对充分,训练速度应适中。

(2)增加肌肉横断面,使用60%～85%区间的负重,训练的次数较多,但不逼近极限强度,接近力竭即可。这一训练强度可以动员尽可能多的肌纤维参加收缩。一般一组的训练次数在8～12次,越是到后面的几次尤其要尽力坚持,这是发挥训练效果的重要阶段。

一般来说,发展最大力量训练的方法有重复法、强度法、极限强度法、极端用力法、退让性训练法、静力练习法和电刺激法等。需要注意的是,单一的训练方法容易使肌肉产生高度适应,从而降低训练效果。因此,在训练中应采用多种训练手段,这样的训练一般效果更好。

2. 最大力量训练举例

(1)双金字塔负荷模型:训练负荷依次为 80%×4 → 85%×3 → 90%×2 → 95%×1 → 95%×1 → 90%×2 → 85%×3 → 80%×4。

练习的次数和组数可根据需要和个人实际适当调整。

(2)深蹲、卧推:负荷110%～150%,练习时加助力推起,加保护缓慢放下。静力性训练时要求在某一关节角度保持静止。

(3)仰卧直臂下压:仰卧凳上,选择适当重量的哑铃双手紧握,然后快速直臂下压,再慢速直臂上摆。静力性训练要求同上。

由于离心和静力性训练时负荷大,刺激深,因此训练时要注意控制时间,离心收缩的时间要长于向心收缩的时间,静力性练习要根据负荷强度保持 5 秒以上,以便取得良好的效果。在离心和静力性练习之前,要做动力性力量基础。练习后要注意安排专项性的轻负荷、动力性训练,促进力量转化。由于离心和静力性训练对神经肌肉的刺激极为深刻,训练后要进行充分的按摩、牵拉,并用其他手段进行积极放松,及时梳理肌丝、筋膜。

(二)爆发力训练

爆发力是竞技体育中十分重要的能力,尽管爆发力受先天因素影响较大,通过后天训练所能提高的幅度有限,但是,通过提高最大力量也可以在一定程度上发展爆发力水平。通常可以用原地纵跳、立定跳远、三级跳来直观地反映爆发力的水平。爆发力的练习负荷范围比较宽,强度在 30% ~ 100%,下列几种方法可以用于发展爆发力水平。

1. 组合训练

单一的负重练习较难发展爆发力。经过多年的实践证明,安排组合训练可以促进最大力量向爆发力的转化。比如在最大力量训练之后,紧接着安排快速跳跃、快速起动的练习,可以充分利用力量练习后的激活效应,提高力量训练的专项化效果。

组合练习举例:

(1)杠铃半蹲起加徒手半蹲跳:半蹲起要求上下转换要快,放下杠铃后紧接着进行爆发式蹲跳练习。为增加爆发力的效果,蹲跳时可以借助上拉动作减轻阻力。

(2)杠铃提踵加徒手直膝跳:主要提高踝关节爆发力,练习时其他关节尽量保持固定,以脚腕活动为主。

(3)卧推加推实心球:用于提高上肢爆发力,实心球可以对墙推,也可以在队友的帮助下采取仰卧姿势向上推。实心球不宜过重,接球、缓冲、上推要衔接迅速,加上超等长练习因素。

(4)力量加超等长加协调性加投掷:美国投掷项目常用这种组合练习,在每组的力量训练后,做超等长的弹性力量练习,再做简单的协调性练习,最后做专项投掷练习。

2. 反应力量训练

反应力也叫弹性力量、超等长和快速伸缩复合,被公认为是效果突出的爆发力训练手段。

反应力训练举例如下。

(1)连续跳栏架或跳箱练习:栏架和跳箱的距离要适当,高度要适中,根据运动员的身高情况进行选择。训练目的是能快速连贯地起跳。设置时可以在前后左右各个方向随机摆放,高低错落搭配,这样才能发展运动员的反应能力。单腿练习或适当负重可以增加难度,提高效果。

(2)俯卧撑击掌:俯卧撑击掌是最常见的用于练习上肢反应力的方法。练习时双臂和双掌共同用力迅速推起,双手快速在胸前完成 1~2 次击掌。可以适当负重,或者借助协调绳进行横向移动,以增加难度。

(3)推、抛实心球或能量球:可仰卧上推,也可以两人对推。只要进行动作设计,连续各种方向的抛实心球都可以进行反应力练习。要注意重量适宜,动作衔接迅速,没有停顿。

3. 弹震式训练

传统力量抗阻训练由于负重较大,在连续动作的过程中,每一次动作的结束阶段实际处于减速状态。有研究认为,减速的时间甚至达到动作时间的 24% 以上,这就说明有肌肉开始降低参与程度,从而大大影响了力量训练特别是爆发力训练的效果。弹震式训练在动作过程中全部肌肉一直处于高强度的工作状态,使动作全程处于加速状态,并将重物推(抛)出,从而提高爆发力训练的效果。如在卧推中把杠铃推出去,负重杠铃(较轻)跳起,都属于弹震式练习。

目前有研究显示,使用弹震式训练的效果要优于单纯的传统抗阻训练和反应力量训练。这主要是由于弹震式训练由抗阻加反应力训练两种方式组成,综合了二者的优点,而且重量可以调整,动作连贯,因此整体效果更好。

(三)力量耐力训练

力量耐力水平对许多项目都具有重要的影响,如田径的中长跑项目、划艇、公路自行车、现代五项铁人三项和足球、篮球、网球等项目,均需要长时间抗疲劳的能力,并且还能够维持一定的强度,顺利发挥专项运动的技能。游泳项目也对力量耐力具有很高的要求,可以说力量耐力直接决定运动员的表现。对于球类项目而言,好的力量耐力储备不仅能保证运动员在后程比赛中有好的表现,也可以防止抽筋等意外情况的发生。

力量耐力的练习采用负荷强度相对较小,练习次数较多的方式进行。可采用极端数量练习、循环训练法和低负荷长时间的静力性训练。力量耐力的训练要注意间歇时间,间歇越短未必训练效果越好。

力量耐力训练举例:

(1)低强度极端用力法:30～50强度,2～3组,每组多于12次,尽力,间歇1～2分钟。

(2)循环训练法:以站点的方式,按先后顺序进行上肢、腰背、下肢等不同部位练习,安排内容应以8～10个站为宜,考虑到间隔太长影响局部刺激效果,也可以减少站点,练习2～3组。

二、速度素质训练

速度素质训练包括反应速度训练、动作速度训练和位移速度训练,下面从这三个方面对速度素质训练的基本方法进行分析。

(一)反应速度训练

反应速度是速度素质表现的一种。反应速度受遗传因素的影响很大,通过后天训练只能有限地提高机体的反应速度。反应速度的本质,是机体神经系统反射通路的传导时间,是人体的纯生理过程,基本上由某个神经系统的遗传基因所决定。但是这不代表训练反应速度就没有意义,实际上,通过训练,可以把受遗传因素决定的最高反应速度稳定地表现出来。

1. 简单反应速度训练

简单反应就是用早已熟悉或掌握的动作,去应答已知但是突然出现的信号。如对短跑起跑鸣枪的反应等。

(1)重复练习法。让运动员对突然发出的信号快速地作出应答反应,通过多次重复练习来提高反应速度,并将这一速度加强并稳定。

(2)变换练习法。通过变化信号,让运动员适应不同信号,并使神经系统能够熟悉练习的形式,从而提高简单动作的反应速度。

反应速度训练的方法举例

(1)两人拍击

两人相向站立,听到"开始"口令后设法拍击对方的背部,同时躲避对方的拍击。在1分钟内拍到次数多的一方获胜。

(2)老鹰抓小鸡

多名运动员为一组,一人扮演张开双臂保护身后"小鸡"的"老母鸡","小鸡"依次纵队排好并后人抓住前人的腰部。一人扮演"老鹰","老鹰"的目的是努力用手拍到队列最后面的一只"小鸡"。被拍到的"小鸡"扮演"新老鹰",原来的"老鹰"充当"新老母鸡",原来的"老母鸡"走到队尾成为新的"小鸡",依次开始练习。

2. 反应起跳练习

运动员围圈面向圈内站立,圈内1~2人,站在圆心附近手持小竹竿,竿长度需超过圈半径。游戏开始后,持竿者将竹竿绕过站圈人脚下画圆,竿经谁脚下即起跳,不让竿打着脚,被打即失败进圈换持竿者。持竹竿的运动员可随机改变画圈的速度,或者变化画圈的方向,以激发其他运动员的反应速度。

3. 贴人游戏

若干运动员一起练习,站成两人前后面向圈内站立围成一个圆圈,左右间隔2米左右。两人在圈外沿圈跑动追逐,被迫者可跑至某两人的前面站立,则后面的第三者即逃跑,追者即改追这第三者,如被追上为失败。

(二)动作速度训练

动作速度是各项运动的基本构成因素,每种运动或多或少地有对动作速度的要求,因此,动作速度的训练是体能训练的重要内容之一。在训练过程中,可借助专门的条件,通过练习程序的变换促使各种速度之间产生最大可能的转移,减少技术动作定型对速度提高的影响。

(1)采用领跑和声响、灯光信号发出速度感觉指令。领跑的方法主要是努力建立达到必要动作速度的实物方向标,同时可以努力减少动作速度的障碍(空气的迎面阻力)。利用声响、灯光信号发出速度感觉指令可以提供必要的动作节奏或控制动作速度的变化。

（2）利用"疾跑"效果，把加速阶段引入主要动作练习。大多数速度练习都包含有从静止到最大速度的"疾跑"阶段，如在短跑练习开始时的加速度，田径跳跃项目、技巧和体操支撑跳跃中的助跑，投掷中的预备动作等。"疾跑"是在练习的主要阶段提高速度的最重要前提。

三、耐力素质训练

竞技体育项目中一般将耐力分为一般耐力和专项耐力。任何一个项目中，耐力都是一个多因素的能力，因此，运动员的一般耐力是相对于专项而言的，是运动员有机体各种机能特征的综合。这里指的"各种机能特征"，具有工作持续时间长、工作不间断、强度相对不大、大肌肉群参加工作、心血管体系能给予较良好的保证等特征。耐力训练的主要手段如下。

（1）各种形式的长跑，如持续慢跑、变速跑、越野跑、法特莱克跑、间歇跑。

（2）除跑以外的长时间活动及其他周期性运动，如游泳、滑冰、自行车、划船等。

（3）长时间重复做某一非周期性运动，如篮球训练中经常做的各种不规则滑动、跑的练习，排球训练中经常做的滚动救球练习等。

四、柔韧素质训练

训练柔韧素质的方法有很多，一般是按照一般柔韧素质和专项柔韧素质来分类的。专项柔韧素质的训练方法分类众多，这里不做具体讨论。因为一般性柔韧素质是专项柔韧发展的基础，一般柔韧训练的方法适用性也较广，因此这里以动力性和静力性柔韧素质发展方法为指导，提出几种一般性柔韧素质训练的具体方法。

1. 颈部柔韧练习

（1）静力性练习。一般方法是使头部尽可能地屈、伸、侧倒至最大限度，然后维持一段时间的静止。

（2）动力性练习。头部在尽可能大的活动范围内做绕环运动，或练习者双手托下颌,做头部的向左、右方向的运动练习。

2. 肩关节柔韧练习

（1）静力性练习。采用正、反、侧三个面的压肩、控肩、搬肩练习。

（2）动力性练习。双手握棍进行转肩练习,或借助弹力带做拉肩、转肩及轮臂练习。

3. 肘关节柔韧练习

（1）静力性练习。可采用屈肘、反关节压肘至最大活动范围,并使之维持一段时间。

（2）动力性练习。最常用的方法是做肘部绕环运动,首先固定肩关节的活动,然后使上臂保持在一个水平面上,然后以肘关节为轴做绕环练习。

4. 腕关节柔韧练习

（1）静力性练习。同样是采用屈腕和伸腕至最大活动范围并维持一段时间的静止练习。

（2）动力性练习。采用手腕绕环运动、抖腕运动等手段。

5. 腰部柔韧练习

（1）静力性练习。主要方法有下腰和控腰两种,注意用力缓慢。

（2）动力性练习。可采用腰绕圈、扭腰等方法练习,同样需要注意用力不要过猛。

6. 髋关节柔韧性练习

（1）静力性练习。可采用耗腿、控腿、纵劈叉、横劈叉、抱腿前屈等练习。

（2）动力性练习。可采用搬腿、向前面、侧面踢腿,以及外摆、里合四个方面、盘腿压膝等等。

7. 膝关节柔韧性练习

（1）静力性练习。主要有压膝和屈膝两种方法。

（2）动力性练习。采用膝绕环、快速蹲立练习。

8. 踝关节柔韧性练习

常用的方法是坐踝、绷脚面、勾脚尖练习以及提踵练习等。

小结：应当注意的是，发展柔韧素质应该以静力性练习和动力性练习结合进行，单纯地采用静力性练习训练效果会欠佳。

五、协调素质训练

（一）上肢协调

通过两臂做相反的动作进行练习。一臂直臂向前、向下、向后、向上画圆摆动，同时另一臂向后、向下、向前、向上画圆摆动，均以肩关节为轴。同时启动，保持转动的速度一致。一个方向熟练后转换方向继续练习。

（二）下肢协调

1. 原地拍击脚背

使用左手在体前拍击左侧脚的脚背内侧，右手在体后拍击右侧脚的脚背外侧，动作要保持连贯、循环往复。

2. 转向跳

双脚并拢垂直向上起跳，跳起后迅速转向180度角再着地。双臂双手努力维持平衡。练习时需要注意的是，向左跳向右跳要穿插进行，不能一直一个方向转，避免眩晕而受伤。

3. 变向跑

教练以哨声等信号辅助练习。比如一声哨子响做向前5米的冲刺跑，紧接着再后退3米；二声哨子做向左冲5米后向右冲刺跑3米的练习。具体的跑动距离和规则可根据实际情况和运动员的实际反应能力进行调整。

（三）整体协调

1. 侧向交叉步

需要肩、胸、腰、髋关节的协调参与。手臂平举于身体两侧自然伸展，保持身体平衡，侧向移动时速度不要过快，确保每一个动作完整、到位。

2. 镜式练习

如果你习惯了使用右手（脚）发力，那么改用左手（脚）投球、扔铁饼、起步。以镜像动作完成全套练习。

3. 使用不习惯的起始位置

背对跳跃方向完成跳高或跳深。

4. 改变战术条件

使用不同的战术相互作用或对抗作用一起完成；或者与不同级别的对手或同伴完成任务。

六、灵敏素质训练

发展灵敏素质的途径主要包括徒手体能训练、器械体能训练、组合体能训练和游戏等。

1. 徒手体能训练

（1）单人训练：弓箭步转体、屈体跳、腾空飞脚、立卧撑跳转体、跳起转体、快速后退跑、快速折回跑等训练。

（2）双人训练：障碍追逐、过人、模仿跑、撞拐等双人训练。

2. 器械体能训练

（1）单人训练：个人运球（篮球）、颠球（足球）、双杠转体跳下、翻越肋木、钻栏架、钻山羊以及各种球类运动、体操运动的专项技术动作训练。

（2）双人训练：进行多种形式的传球、接球、抢球、接球翻滚等，以及双杠杠端支撑跳下换位追逐、肋木穿越追逐等训练。

3．组合动作训练

（1）两个动作组合体能训练：主要有交叉步—后退跑、后踢腿跑—圆圈跑、侧手翻—前滚翻、转体俯卧—膝触胸，变换跳转髋—交叉步跑、立卧撑—原地高抬腿跑等训练。

（2）多个动作组合训练：倒立前滚翻—单肩后滚翻—侧滚—跪跳起、悬垂摆动—双杠跳下—钻山羊—走平衡木、跨栏—钻栏—跳栏—滚翻、摆腿后退跑—鱼跃前滚翻—立卧撑等训练。

第三节　运动员专项体能训练指导

一、足球运动员的专项体能训练

（一）足球运动员的力量训练

1. 速度力量

在进行速度练习时，要保持练习强度在75%～90%，练习时间为5～10秒，间歇时间为机体感到完全恢复，一般要进行为4～6次的重复训练，以3～4组为宜。

2. 力量耐力

力量耐力的练习强度一般为60%～70%，练习时间为15～45秒左右，间歇时间控制在心率恢复到大约120次/分钟，重复20～30次，练习3～5组。

（1）发展颈部、上肢、肩背力量的练习

①两手扶头，在颈部转动时给予抵抗力。

②俯卧撑。

③引体向上。

④俯卧飞鸟。

⑤俯立哑铃臂屈伸。

⑥哑铃、杠铃弯举。

（2）发展腰腹力量的练习

①仰卧起坐、仰卧举腿。

②侧卧体侧屈、侧卧双腿上举。

③跳起空中转体并收腹头顶球。

④展腹跳。

（3）发展腿部力量练习

①各种跳跃练习（立定跳、多级跳、蛙跳、跨步跳、跳深）。

②肩负杠铃提踵、半蹲。

③远距传球、射门练习。

(二）足球运动员的速度训练

足球运动员的专项速度训练一般要求负荷强度为95%～100%，练习时间以3～10秒为宜，间歇时间视训练目的而定，可完全恢复或不完全恢复；一组练习重复6～8次，练习3～5组。

（1）各种姿势的起跑。

（2）在快速跑的过程中，听教练信号，做急停、转身、变向、跳跃、翻滚等动作。

（3）利用小步快跑、高抬腿跑、顺风跑、下坡跑、牵引跑等练习突破速度障碍。每种跑姿的练习时间以教练口哨为准。

（4）全速运球跑、变速变向运球跑。

（5）绕杆跑、运球绕杆。

（6）利用简单的战术配合练习速度。

(三）足球运动员的耐力训练

1. 有氧耐力训练

（1）有氧耐力训练主要是以小强度持续法和间歇法两种训练为主：

①持续训练法的练习强度一般为40%～60%，练习为25分钟以上，距离为5000～10000米。

②间歇法要求练习时间为30～40秒，间歇保持不完全恢复为宜，一般脉搏恢复到120次/分钟为宜；练习次数为8～10次即可。

（2）有氧耐力训练的具体练习方法如下：

① 3000 米、5000 米、8000 米等不同距离跑。

②定时跑（如 10 分钟跑）。

③穿足球鞋长距跑。

2. 无氧耐力训练

（1）无氧耐力训练常采用多次大强度间歇法训练。无氧耐力训练要求：练习强度为 80%～90%；脉搏为 180～200 次/分，练习时间为 20～120 秒，间歇为不完全恢复，脉搏恢复至 120 次/分钟左右为宜，每组练习 12～40 次，练习组数为 1～2 组。

（2）无氧耐力训练的具体练习方法如下：

① 30～60 米重复多次冲刺跑。

② 100～400 分钟高强度反复跑。

③各种短距追逐跑。

④进行 5 米、10 米、15 米、20 米、25 米折返跑。

⑤往返冲刺传球。

（四）足球运动员的灵敏训练

（1）运动员双脚左右开立与肩同宽，将杠铃提至胸前然后深蹲，再站起还原至提铃胸前位置，重复练习，可以有效发展运动员的上下肢和躯干的力量。

（2）运动员双脚左右开立与肩同宽，先将杠铃放至肩上，然后一腿后撤，单腿成弓步下蹲，之后还原成站立姿势，两腿交替进行。这一练习能有效发展腿部和腰腹部的力量。

（五）足球运动员的柔韧训练

练习强度从中等强度最后逐渐增加到 80% 以上，每次练习可控制在 10～20 秒，时间不宜太长，待完全恢复再进行下一次训练，可做积极性放松活动，每组练习 5～10 次，练习 3～5 组。

（1）颈前屈、侧屈、后屈并绕环，体前屈、侧、后屈并振动。

（2）前弓步和侧弓步压腿，纵劈腿和横劈腿。

（3）前踢腿、后踢腿、侧踢腿和腿绕环。

（4）靠墙站立体前屈下压。背伸、展腹屈体练习及腿肌伸展练习。

（5）无球练习,模仿内外颠球动作,单双腿连续做内翻和外翻练习。模仿内扣和外扣动作,单腿连续做内转、外转动作。

（6）两腿交叉的各种跨步和转身动作。可以增加适当负重进行练习。

（7）踢球、顶球、抢截球等各种技术动作的模仿练习。

二、篮球运动员的专项体能训练

（一）篮球运动员的力量训练

1. 最大力量训练方法

（1）最大负荷法。主要采用大重量进行训练,在 90～100 的负荷区间做 1～2 次练习,连续做 8～10 组就能有效提升力量。

（2）金字塔训练法。金字塔练习是指不断增加负荷直到极限,也可以快速提升力量素质。

2. 快速力量训练方法

（1）大负荷训练法。该方法可刺激中枢神经系统,不断提高运动强度能最大限度地激活运动神经。

（2）中小负荷训练法。该训练方法可使肌肉快速收缩,但是由于刺激强度不足以诱发足够的神经冲动,因此可作为大负荷训练法的补充。

（3）大幅度训练法。增加运动员动作的用力距离,在训练中可通过改进动作技术和发展身体各部位关节柔韧性来实现。

3. 腿部力量与弹跳力训练

（1）肩负杠铃做半蹲或全蹲,一般为最大负荷的 80%,每组重复 3～4 次,做 4～6 组。练习时注意要做到慢蹲快起,躯干保持正直,不要塌腰,也不能翘臀。

（2）肩负最大负荷量的 40%～50% 的杠铃,在地毯上做半蹲的快速跳起,一组 8～12 次,做 4～6 组。

（3）徒手或负重,做单腿深蹲起。

4. 发展腰腹力量

（1）俯卧"两头起"，尽量出背弓。

（2）在单杠上做双臂悬挂，然后收腹举腿成90度保持4～5秒，可以逐渐增加保持时间。

5. 发展手指、手腕、手臂肌肉群

（1）空手快速用力张握15度～30度，张开的手指用力下扣手腕高速率，15度～30度。

（2）两人各紧握接力棒一端，做相反方向的捻转动作。

（二）篮球运动员的速度训练

篮球运动员的速度训练须结合其他素质训练一起进行，比如与发展最大力量、速度力量结合。篮球运动员的速度训练应着力于提高场上的起动和快跑以及无氧运动能力。

（1）小步跑、后踢腿跑、高抬腿跑、交叉步跑、后退跑等过程中突然改变为加速跑。

（2）10米、20米、30米、100米加速跑或变速跑。

（3）根据教练的信号做传球或运球的快速起动和急停。

（4）8～10米往返跑。

（5）全场运球3～4次上篮。

（6）全队分成小组做传球接力赛。

（三）篮球运动员的耐力训练

1. 持续负荷法

篮球运动员的专项耐力训练需注意专项总体代谢特点，一般以发展非乳酸性无氧耐力为主，采用95%左右强度、心率在180次/分钟的训练法，重复组5组。

2. 间歇负荷法

间歇负荷法可提高有氧代谢水平，心率控制在160次/分钟左右，方法有匀速跑、变速跑、超越跑、折返跑，分为有氧和无氧混合代谢，一般负荷采用有氧和无氧对半,50% 左右的有氧和 50% 左右的无氧,在尚未完全恢复的情况下进行下一组练习。训练方法最常用的有 400 米匀速跑、100 米快速跑、100 米放松跑,反复进行。

（四）篮球运动员的灵敏训练

（1）侧跨步。教练在场地画三条间隔为 12 米的直线,队员站在中间线的位置准备,当听到信号后先向左跨步触左边线,再收回左腿呈开始姿势,然后再向右跨步触右边线。重复进行。

（2）15 秒往返跑或 10 米 ×4 的往返跑。

（五）篮球运动员的柔韧训练

（1）球员两腿开立,髋关节向前送,手摸脚跟。

（2）两手手指交叉相握向上伸直,身体努力向左或向右充分伸展,注意动作不要硬拉,应缓慢进行。

（3）两臂做不对称大绕环转肩动作,在背后一手从上往下,另一手从下往上,两手在背后做拉伸练习。

（4）并腿直立,上体前屈,手摸脚或地面;或身体侧转用手摸异侧脚脚跟。

（5）两腿交叉直立,上体前屈手摸脚或地面并保持 10 秒钟。

三、排球运动员的专项力量训练

（一）排球运动员的力量训练

1. 手指、手腕力量练习

（1）手指用力屈伸练习,动作同篮球运动员的手指、手腕力量训练。

（2）手指用力做握网球练习。

（3）向下抖手腕做拍球练习。

（4）身体离墙 1 米左右,用手指做推撑墙的动作。

2. 手臂力量练习

（1）单人各种抛球练习。用前臂和手腕动作将实心球抛起用另一手接住,两手交替进行。

(2)双手或单手持球上举,直臂或屈臂做向前、向后抛掷实心球练习。

(3)俯撑,脚尖固定,两手交换支撑绕圆圈移动。

(4)双手持哑铃肩后屈肘上举。

3. 腰腹肌、背肌力量练习

(1)单人徒手练习

仰卧两头起:仰卧,两手臂和两腿伸直,同时向一起靠拢,手指尖触脚背为一次。

(2)双人徒手练习

左右侧卧起,另一人固定其脚。

4. 下肢力量及弹跳练习

(1)"矮子"步行走,要求双手摸脚后跟行走,逐渐加大行走的距离。

(2)单双脚跳绳练习。

(3)连续蛙跳、跨步跳、多级跳、跳深练习。

(二)排球运动员的速度训练

1. 反应速度的练习

(1)以不同的开始姿势起跑,预备姿势可以是站立姿势,也可以是坐姿、跪姿或卧姿。

(2)全队队员分两队相对站立,两队相距1米左右,根据教练信号做追逐跑练习。

(3)冲刺钻球。教练负责抛垂直球,队员定点起动,力争在球落地前从球下钻过。

2. 移动速度练习

(1)原地快速跑练习。

(2)做原地高抬腿跑,然后听信号突然向前加速跑。

(3)结合排球场地练习各种移动步法。

3.挥臂速度练习

（1）徒手连续快速挥臂练习,分别向左和向右挥动手臂。

（2）手持篮、排、足球或羽毛球、乒乓球做掷远练习。

（3）两人相距10米站立左右,相互单手肩上掷排球,要求以挥臂扣球动作掷球,并使球出手后与地面近似平行飞行。

（4）做轻杠铃的提、屈、挺等快速练习。

（5）两人相距5～6米做单手掷实心球练习。

4.起跳速度练习

（1）连续做跨跳、单足跳或蛙跳练习。

（2）连续做徒手助跑起跳扣球练习。

（3）连续跳跃3～5个栏架,要求脚落地后立即跳起,要体会其中的连续性和节奏感。

（4）两人一组,一人发球,另一人做连续起跳拦快球练习,每人10～20次然后交换位置。

（5）在30厘米高的台阶上跳上跳下10次,计时以训练速度。

(三)排球运动员的耐力训练

1.弹跳耐力练习

（1）连续小负荷多次数的力量训练。

（2）5分钟的跳绳练习。其中双脚双摇跳30秒,左脚弹跳1分钟,右脚弹跳1分钟,然后重复,基础好的球员可以延长训练时间。

（3）连续跳上跳下台阶30次。

（4）连续原地跳起单手或双手摸篮板或篮圈30次。

（5）连续收腹跳8～10个栏架为一组,练习3～5组。

2.移动耐力练习

（1）根据教练的信号连续向右前、前、左前方进退移动,每2～3分钟为一组。

（2）连续地跑动滚翻或鱼跃救球。

（3）单人全场防守练习,10～15分钟为一次练习。

（四）排球运动员的灵敏训练

（1）球员双脚开立和并拢连续跳跃,双手从体侧平举至头上击掌,最后还原,50个为一组,练习5～6组。

（2）连续交换单足跳跃。前踢腿时,双手触足尖；后踢腿时,双臂上振,反复进行。

（五）排球运动员的柔韧训练

1. 发展手指、手腕的柔韧性

（1）两手相对,指尖向上互触,分别向左和向右压低,反复练习。
（2）压腕练习。
（3）手持短器械做腕绕环练习。

2. 发展肩关节柔韧性

（1）两臂前后绕环和上下摆振练习。
（2）手扶墙压肩或压腰练习,注意动作要轻缓,不要硬拉硬压。

3. 发展腰髋的柔韧性

（1）上体弹振前后屈。
（2）双手握单杠做腰回旋动作。

四、乒乓球运动员的专项体能训练

（一）乒乓球运动员的力量训练

1. 提高速度力量及爆发力

（1）利用负重双手持沙袋进行30～50米的冲刺跑。
（2）两人一组,一人负责给队友制造阻力,另一个利用阻力做加速跑,一般以20～30米为宜,然后交换练习,每人练习3～5组,每组间歇时间为1～3分钟。
（3）利用橡皮带做牵引跑20～30米,每人练习3～5组,每组间歇时间为1～3分钟。

2. 提高力量耐力素质训练方法

（1）双手持重 2～3 公斤的沙袋平举，动作持续 30～60 秒，练习 2～3 组，每组间歇 1～3 分钟。

（2）利用 5～10 公斤的杠铃片做侧举与肩平行，保持 1～3 分钟，间歇为 3～5 分钟。

3. 腰腹肌力量的训练

（1）仰卧起坐：每组动作做 20～30 次，练习 3～5 组，每组间歇时间为 60～90 秒。

（2）静力腹肌：做静力平板支撑，8 分钟为一组，做两组。

（二）乒乓球运动员的速度训练

1. 反应速度

作往返冲刺跑练习，运动员可分为 8 人一组，根据教练的信号急停，然后作反方向冲刺跑。

2. 提高练习者的动作速度

双摇跳绳，要求球员连续做双摇跳绳，每组时间约 45～60 秒。

3. 移动速度

步法移动练习，以球台边线距离为准，要求球员在 30 秒内尽最快速度完成滑步、跨步、交叉步练习。

（三）乒乓球运动员的耐力训练

1. 无氧耐力训练

（1）冲刺跑练习，分别作 200 米、400 米的快速跑练习，各练习 2 组。

（2）在球台两端线之间做 1～3 分钟的各种步法移动练习。

（3）移动中连续扣杀 200～300 个多球练习。

2. 有氧耐力练习

（1）变速跑练习，在 2 000 米的跑步练习中，先跑 500 米匀速跑，然后做 100 米冲刺跑，然后 300 米匀速跑，然后再做 100 米冲刺跑，然后重复一次进行。

（2）多球训练，用多球练习做推、侧、扑、摆速。正手全台跑位，连续扣杀高球，50～100 球为一组。练习 5 组，每组间歇时间为 3～5 分钟。

（四）乒乓球运动员的灵敏训练

（1）全队队员做托球追逐跑练习，听教练信号，一声哨声为单数追双数，二声哨声为双数追单数，依次循环，不断变换。

（2）教练员以多球形式变换旋转练习，如连续供 3～4 个上旋球，突然供一个下旋球或一个不转球。

（3）教练连续供不同旋转性质与不同旋转强度的球，球员接住 50 个球为一组，每次练习 2～3 组。

（五）乒乓球运动员的柔韧训练

（1）双人相对站立并搭肩，然后躯体做压肩练习。

（2）双人并肩站立头上手拉手，同时做侧弓步。

（3）双人背手站立，背向拉住双手同时向前做弓箭步前拉。

（4）球员自然站立，抬臂向上伸展，屈肘用另一只手抓住肘部。向内、向下牵引直至上臂后侧肱三头肌感到伸展为止。牵引保持 7～10 分钟，其间身体不前倾。

第五章 运动员科学训练之心理与智能训练指导

运动员心理能力和运动智能都是运动员竞技能力的重要组成部分。运动员在训练和比赛中应具有把握与调整心理过程的能力,具有良好的个性心理,具有运用体育理论知识和信息去分析、解决各种实际问题的能力,这些能力是提高运动员训练效果和促使运动员取得优异比赛成绩的重要保障。因此,在运动员科学训练中,要加强运动心理和运动智能的专门训练,通过科学而系统的训练与培养,提高运动员的运动心理能力和运动智能水平,进而提高运动员的综合竞技能力和比赛能力。

第一节 心理与智能训练概述

一、心理训练概述

(一)心理训练的概念

心理训练是指通过各种方法和手段有意识地对运动员的心理过程和个性特征施加影响,使运动员学会调节自身心理状态,为更好地参加运动训练和争取优异比赛成绩做好心理准备的训练过程。[1]

(二)心理训练的地位

在现代运动训练系统中,心理训练居于重要地位,是不可或缺的重要组成部分之一。运动员参加训练和比赛,不仅大量消耗身体能量,心

---

[1] 孙登科. 运动训练学[M]. 北京:北京体育大学出版社,2006.

理能量的付出也非常多,在高强度训练和比赛中,如果运动员心理准备状态不佳,训练任务就很难完成,比赛成绩也会受到严重影响。运动员的心理因素对其比赛结果有很大影响,而且当比赛双方体能、技战术水平相当时,心理因素就是决定比赛胜负的重要因素了。

(三)心理训练的目的

心理训练是为了培养与发展运动员进行训练与参赛所需要的心理素质,增强运动员的心理稳定性,提升其运动心理能力,为顺利训练和提高比赛成绩提供保障。

(四)心理训练的任务

为了顺利达到预期的心理训练目的,要在心理训练过程中完成下列几项主要任务。

(1)对运动员的专项心理素质与心理能力进行培养,使其更好地适应专项需要。

(2)提高运动员对技战术运用的熟练度。

(3)培养运动员训练和比赛的积极态度,使运动员保持良好心理状态,提高运动员的适应能力。

(4)帮助运动员克服心理障碍,使其顺利参与训练和比赛。

(5)消除疲劳,促进恢复。

(五)心理训练的内容

运动员在训练和比赛中有非常复杂的心理活动,心理能力发挥着重要的作用,具体表现在以下几方面。

第一,运动员在训练和比赛中要将准确的技术效果表现出来,就需要具有敏锐的感知觉能力,并要集中注意力。

第二,运动员要对灵活多变的技战术进行创造,就需要具有良好的表象能力和敏捷的思维能力。

第三,运动员训练热情的产生与保持离不开强烈的兴趣、丰富的情感和调节不良情绪的能力。

第四,运动员在训练和比赛中果敢顽强的作风是基于良好的意志品质而形成与表现出来的。

第五,运动员要得到各方面的支持与配合,提升团体凝聚力,就需要具有良好的个性心理特征。

综上,在运动员心理训练中要加强心理过程各要素训练和个性心理特征训练。因为不同的专项运动对运动员的心理能力有不同的专项要求,所以在心理训练中要结合运动员所从事专项的要求进行针对性和专门性训练,尤其要重视对人格特征和意志品质的训练,它们对运动员的训练质量和比赛成绩有直接的影响。

运动员心理过程要素训练和心理个性特征训练内容如图5-1所示。

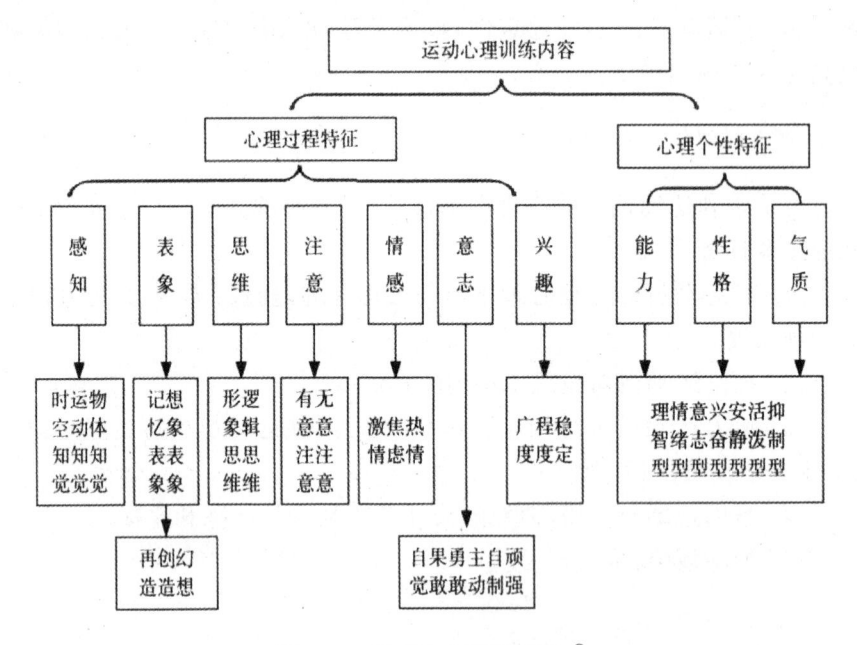

```
                      运动心理训练内容
              ┌─────────────┴─────────────┐
          心理过程特征                  心理个性特征
    ┌──┬──┬──┬──┬──┬──┐          ┌──┬──┬──┐
    感 表 思 注 情 意 兴         能 性 气
    知 象 维 意 感 志 趣         力 格 质
    │  │  │  │  │  │             │  │  │
   时运物 记想 形逻 有无 激焦热 广程稳  理情意兴安活抑
   空动体 忆象 象辑 意意 情虑情 度度定  智绪志奋静泼制
   知知知 表表 思思        型型型型型型型
   觉觉觉 象象 维维
          │         │
         再创幻    自果勇主自顽
         造造想    觉敢敢动制强
```

图5-1　运动心理训练内容[①]

(六)心理训练的分类

从训练周期不同训练阶段的划分和各阶段的不同训练任务出发,可以将心理训练分为以下两种类型。

1.准备期的心理训练

准备期的心理训练要注重对运动员心理过程各要素的训练和心理个性特征的训练,要将心理训练与技战术训练结合起来,贯彻循序渐进、与技能相结合的训练原则。心理训练与技术训练相结合,有助于促

[①] 胡亦海.竞技运动训练理论与方法[M].北京:人民体育出版社,2014.

进运动员感知觉能力和心理表象能力的增强,从而提高技术表现力;心理训练与战术训练相结合,有助于促进运动员注意能力、思维能力的有效提升,从而提高战术运用效果。

准备期心理训练有两个重点,一个是人格特征,另一个是意志品质,这两项心理能力都对运动员的训练成绩和比赛结果有重要影响,完善的人格特征、坚强的意志品质是优秀运动员应具备的基本心理特征。在运动员意志品质的培养中,要加强思想教育,促进运动员训练动机的强化和自信心的提升。此外,不断增加训练负荷也是磨炼运动员意志的有效手段,但要防止过度训练和过度疲劳,否则会适得其反。

2. 竞赛期的心理训练

竞赛期的心理训练要加强与专项运动特征的结合,保持与专项要求的一致,满足竞赛需要。运动员参加重大比赛,在赛前要做好心理准备,赛中要善于进行自我心理控制,赛后也要及时调整心理,因此竞赛期心理训练包括赛前、赛中和赛后三个训练阶段。

(1)赛前心理准备

准备参加重大比赛的运动员,有时越临近比赛日,心理活动就越发活跃,有时开始出现不同程度的焦虑、急躁、紧张等情绪,心理状态较差,无法保证顺利参赛和在赛场上的正常发挥,最终严重影响比赛结果。所以在赛前做好心理准备很重要。

临近比赛时的心理训练要以激发比赛动机、强化参赛自信心为主,同时要对运动员的心理激活水平进行控制,促进其参赛思维程序的稳定,使其保持适度的紧张与兴奋,做好充分的心理准备,以良好的心理状态迎接比赛,接受挑战。

(2)赛中心理控制

运动员在充满激烈竞争的比赛中,情绪起伏波动明显,赛场环境的变化直接引起运动员情绪的变化,因此运动员必须要有良好的心理控制能力,能够及时调节自己的不良情绪,保持情绪稳定,从而在良好体能的支撑下将技能水平稳定发挥出来。

(3)赛后心理调整

比赛结束后同样要进行运动心理干预,赛后心理调整在竞赛期心理训练体系中也是不可或缺的一部分。不管是比赛的获胜者还是失利者,比赛后都要进行心理调整,获胜者通过调整,要将自满情绪消除,改善松懈状态；失利者通过调整，要消除消极情绪，强化再战动机，重拾自信，积极投入接下来的训练或比赛中。

二、智能训练概述

（一）智能训练的概念

智能包含智力与能力两个概念，二者既相对独立，而又密切相关。智力与能力的概念及结构要素见表 5-1。

表 5-1　智力与能力[①]

智能	概念	要素
智力	保证人们有效进行认识活动的稳定心理特征的综合	观察力
		记忆力
		想象力
		思维力
		注意力
能力	保证人们成功进行实际活动的稳定心理特征的综合	组织能力
		计划能力
		实际操作能力
		适应能力
		创造能力

运动员的运动智能是指与运动有关的特殊智能，是运动训练和比赛所需的智能，是某些智力因素与能力因素的有机结合。在运动训练中加强运动员的运动智能训练，促进运动员思想认知能力和实践操作能力的提升，进而提升运动员的竞技能力。

智能训练是运动训练的重要组成部分之一，是指对运动员的运动智能构成因素（智力因素与能力因素的结合）进行有目的、有计划的训练和培养，促进其智能水平不断提高的过程。

（二）智能训练的地位

随着科学技术正越来越广泛地运用于运动训练领域中，而运动员接

---

① 马冬梅. 运动训练学基础 [M]. 北京：北京体育大学出版社，2005.

受与消化这些科学技术的前提是要有一定的智力水平。科学技术对提升运动和比赛成绩的作用是显而易见的,但如果运动员智力水平差,不能正确灵活地运用科学技术,就无法发挥科技的作用。可见,对运动员进行运动智能训练非常重要。

竞技比赛环境越来越复杂,竞争越来越激烈,整场比赛下来,运动员不仅消耗大量体力和心理能量,也消耗了大量脑力,这是一个拼体力、比技术和斗智谋的艰辛复杂的过程。所以说运动员的智力也直接影响比赛成绩,尤其是在双方实力接近的情况下,智力的作用就更加明显了。如果运动员只是一味拼体力,而不善于动脑,那么当双方体力和技能水平旗鼓相当时,不善于动脑是比较吃亏的。

运动员的智能常常表现在其合理分配体力和灵活运用技战术的过程中,如果运动员智力不佳,很容易一开始就拼蛮力,过早消耗能量,造成疲劳,影响发挥;智力水平低的运动员在与同伴的配合上、理解教练员战术意图方面也无法令人满意。所以说一定不能忽视对运动员进行智力训练。

(三)智能训练的必要性

1. 运动行为本身的需要

运动员的运动行为本身既有身体活动,也涉及心理活动和智能活动。虽然智能活动不像身体活动那样明显,能够被直观看到,但智能因素存在于运动员每一个技术的完成过程中和战术行动中,运动员的战术思维能力、实际操作能力、思想认知能力都体现其在比赛中的技战术行动中。所以说,智能活动本身就是运动行为的一部分,必须与身体训练、技能训练结合起来,不能忽视智能训练。

2. 运动训练学发展的需要

在科学技术的快速发展中,科技分化与科技综合是并存的,在科技迅猛发展的今天,体育学科研究水平也不断提高,并且由自然学科向其渗透,促进了运动人体科学的不断丰富。运动人体科学涉及诸多学科领域,有关学科相互渗透、相互影响,综合形成新的学科,其中就包含运动训练学这一综合性学科。要促进运动训练学的不断发展与完善,不断丰富运动训练学理论,从而有效指导运动训练实践,就需要有一批智能水平高的运动员、教练员和科研人员共同努力,共同推动运动训练学的发展。可见,培养运动员的智能是运动训练学科发展的需要。

3. 现代运动训练发展的需要

随着运动训练的不断发展,其他科学领域中的一些先进知识与技术逐渐向运动训练领域渗透,在运动训练中得到运用,并发挥了重要的作用。要进一步发挥更多先进科学知识和技术的作用,就需要运动员对丰富的运动科学知识予以掌握,并有能力将理论运用到训练和比赛中,以此提高训练水平和比赛成绩。这便对运动员的智能提出了较高的要求。

智能水平高的运动员更善于主动利用与运动专项有关的原理和规律去指导训练实践,善于在身体机能和运动素质的培养中采用先进训练方法,善于对技战术的深入分析与灵活应用,善于在教练员的指导下对训练过程进行调控与完善,最终促进自身竞技能力的提高。所以说,智能训练是运动训练发展的需要,也是运动员竞技能力提高的需要。

(四)智能训练的任务

智能训练是以促进运动员智能水平的提高为主要目的的,完善下列训练任务有助于促进训练目的的实现。

第一,对运动员的独立训练和参赛能力进行培养。

第二,对运动员熟练使用运动器械进行针对性训练的能力进行培养。

第三,对运动员独立或合作设计、高效履行以及不断完善个人训练计划的能力进行培养。

第四,对运动员的自我监督能力进行培养。

(五)智能训练的内容

智能包括智力与能力,所以运动员智能训练也包括智力训练和能力训练,智力训练是能力训练的基础,能力训练必须结合具体专项特征与要求进行。所以在运动员一般运动智能训练中,常常以智力训练为主,训练内容主要包括智力的五大要素,如图5-2所示。

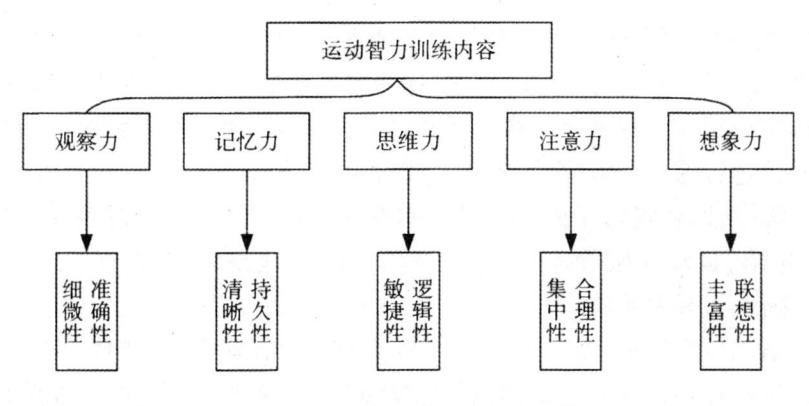

```
                    运动智力训练内容
        ┌──────┬──────┬──────┬──────┐
      观察力   记忆力   思维力   注意力   想象力
        │      │      │      │      │
      准确性   持久性  逻辑性  合理性  联想性
      细微性   清晰性  敏捷性  集中性  丰富性
```

图 5-2　运动员智力训练内容[①]

第二节　运动员心理训练指导

一、制订运动员心理训练计划

在开始对运动员进行心理训练前,要先确定训练目标,然后依据训练目标制订训练计划,明确训练任务,安排训练内容,选择训练方法,设计训练程序,这一系列的理论设计与安排都属于心理训练计划的范畴,是制订心理训练计划的主要工作。

判断心理训练计划是否合理有效,要对其目标的清晰准确性、过程的预见性、实施的灵活应变性进行评估,虽然计划的实施程序、训练的内容与方法已经提前安排与设计好,但在训练过程中也要注意根据实际需要而进行调整,在实践中不断完善计划,提高实施效果。

要制订出一份清晰准确的、有预见性的、灵活性强的运动员心理训练计划,就要从以下几方面开展制订工作,以下工作也是制订运动员心理训练计划的基本程序与步骤。

（一）明确训练对象

明确训练对象是制订运动员心理训练计划的第一步。每个运动员

---

① 胡亦海.竞技运动训练理论与方法[M].北京:人民体育出版社,2014.

都是独立的个体,他们的心理特点各不相同,而且不同运动专项对专项运动员的运动心理有不同的要求,这些专项要求对运动员心理训练计划的内容与实施具有重要影响。因此对心理训练计划进行制订时,要对训练对象进行综合分析,全面了解训练对象,要求如下。

第一,既要考虑不同运动员之间在人口统计变量学上的差异,如性别、年龄、运动年限等,又要考虑运动员的心理差异,如态度、动机、人格、个性、人际关系等。

第二,考虑不同专项运动员应具备的专项心理特征,如技能主导类表现难美性项群项目对运动员的感知觉能力、意志品质等有较高要求;技能主导类表现准确性项群项目对运动员的注意力、情绪控制力、自律能力、独立能力等方面有较高要求。了解不同项群项目对运动员心理能力的特殊要求和专门要求,有利于更有针对性地安排心理训练内容。

(二)加强沟通

运动员心理训练计划中的训练内容能否满足运动员的真实需要,训练方法是否能够充分发挥促进运动员心理能力提升的作用,训练步骤是否具有指导意义,等等,这一系列问题需要计划制订者与教练员、运动员进行深入沟通才能求解。

运动员心理训练计划的制订者是供应方,心理训练计划的实施者——教练员和实施对象——运动员是需求方,在实施训练计划前,供应方与需求方必须就训练计划中的重点内容达成共识。如果教练员和运动员不认可计划中的一些内容,或者不相信这份训练计划能够帮助运动员提高运动心理能力,那么就无法开展心理训练工作,此时供应方和需求方就要开始协调,协商如何调整与完善训练计划,直至在主要方面达成共识,然后才能将计划投入使用,正式实施计划。

(三)理解专项特征

运动员心理训练计划的制订者应该既是体育科学工作者,也是运动心理学专业人员,这样的制订者对运动员专项心理特征更了解,他们制订的心理训练计划也更容易被教练员和运动员认同。

专业的计划制订者通过了解训练对象后,能够判断训练对象存在哪些心理问题,需要做哪些心理上的改进和调整,需要重点加强哪方面心理能力的训练,基于准确判断而制订的运动员心理训练计划更具有针对性和可行性,计划实施之后更容易见效。

(四)评估个性心理特征

运动心理学专业人员制订运动员心理训练计划时,为了使心理训练计划与训练对象的实际情况更加契合,更有针对性,能切实解决运动员的心理问题,帮助运动员完善心理品质和提高心理技能,则应该通过有效的手段对运动员个性心理特征进行评估,从而获取关于运动员心理方面的一些重要信息,将评估结果作为制订计划的依据和参考。

评估运动员个性心理特征的手段主要有面谈、现场观察、问卷调查、行为记录等。

(五)确定训练内容、方法和程序

经过对运动员的心理评估后,能够对运动员的心理特征、心理技能薄弱环节有清楚的了解,从而为明确心理训练的重点内容提供了现实依据,能够保障心理训练内容的针对性。对于运动员薄弱的心理环节,要特别加强训练和积极干预。

将运动员心理训练内容明确下来之后,还要对训练方法进行设计与选用。目标设置训练法、放松训练法、表象训练法、注意力集中训练法、自我暗示训练法等是运动员心理训练中最常见的方法,制订者要结合运动员的个性心理特征、心理薄弱环节、专项需要、参赛需要以及训练环境和条件而选择具有针对性的、便于操作的训练方法和手段,确保在实施各项心理训练方法后能够切实促进运动员心理薄弱环节的改善。

确定训练方法后,还要设计心理训练的实施程序,明确训练的时间进度、训练内容的实施顺序,从而提高训练计划的实施效率。

(六)评估计划实施效果

训练计划执行一段时间后,要评估实施效果,计划实施效果如何,主要从运动员的心理训练效果中反映出来。通过评估,能够了解训练计划的有效性,也能发现训练计划的不足,从而进行改进与完善,在训练计划的改进与完善中,教练员与运动员作为计划实施的主体和直接对象,能够提供一些重要的建议,供制订者参考和采纳,从而使调整后的训练计划更加能够满足运动员的实际需要,在下一阶段的训练中取得更好的效果。

二、运动员心理训练方法指导

（一）动机激发法

运动员在训练和比赛中的良好表现离不开正确动机的内在驱动。运动员在运动训练和比赛前可以采用动机激发的方法调节心理，树立顽强拼搏、为国争光、集体荣誉、勇者必胜等正确观念，将注意力高度指向正确的方向和理想目标上。此外，运动员要正确对待成败，在训练和比赛中要拼尽全力，不管结果如何，都要不留遗憾。

（二）表象训练法

表象训练是心理技能训练的核心，它指的是用暗示语指导运动员在头脑中反复想象某个运动动作或运动情境，从而提高运动技能和情绪控制力的方法。表象训练的具体应用方法如下。

1.五角星练习

在五角星的五个角上分别涂黑、红、蓝、黄、绿五种不同颜色。将黑角、红角、蓝角、黄角和绿角分别指向数字1、2、3、4、5，作为基本位置。

运动员用1分钟时间观察并记忆五角星的基本位置。然后闭眼回答下列问题，记录从提问到作答所用的时间。

（1）若黑角指向3，则红角指向几？

（2）若黑角指向4，蓝角指向几？

（3）若黑角指向5，则黄角指向几？

（4）若黄角指向2，则蓝角指向几？

（5）若红角指向4，则绿角指向几？

（6）若蓝角指向5，则黑角指向几？

2.木块练习

木块练习可以提高运动员对物体形象的分析能力，练习中只靠表象操作得出答案，不用数学方法。

想象有一块类似积木的六面形方木块，每个面都涂上红色。

（1）想象用刀横切木块，一分为二，此时红面、木面各有几个？

（2）再纵切木块，二分为四，此时红面、木面各有几个？

（3）在右边两块中间纵切，四分为六，此时红面、木面各有几个？

（4）在左边两块中间纵切，六分为八，此时红面、木面各有几个？

（5）在上部四块中间横切，八分为十二，此时红面、木面各有几个？

（6）在下部四块中间横切，十二分为十六，此时红面、木面各有几个？

记录从提问到作答所用的时间（秒），答案见表5-2。

表5-2　木块练习答案[①]

序号	心理操作方法	红面	木面	总面数	方块数	所需时间（秒）
1		10	2	12	2	
2		16	8	24	4	
3		22	14	36	6	
4		28	20	48	8	
5		38	34	72	12	
6		48	48	96	16	

（三）模拟训练法

模拟训练是针对比赛中可能出现的情况或问题而反复模拟练习的过程。模拟训练内容广泛，应从比赛情况和运动员特点出发来选择训练方法。

模拟训练常见操作方法如下。

---

① 张忠秋.优秀运动员心理训练实用指南[M].北京：人民体育出版社，2007.

1. 模拟对手特点

在对抗性运动的模拟训练中,多模拟国内外优秀选手的技战术特点及比赛风格。可以让队友完成对手的各种活动,以更深入地了解对手的特征,从而设计对策。

2. 模拟观众影响

观众在赛场上震耳欲聋的呼喊声和激烈的表情动作一定程度上会干扰运动员,给运动员带来压力,有时经验丰富的运动员也可能因此而分心或紧张。在模拟训练中可以安排一些观众吹口哨、鼓倒掌、喝倒彩,以此干扰运动员,从而提高运动员的应激能力。

3. 模拟裁判错判、误判

裁判的错判、误判在比赛中难以避免,设计此类模拟实战练习可以帮助运动员提高心理素质和应对能力。

(四)集中注意训练法

运动员在赛场上注意力集中程度直接影响动作的成功率。运动员的注意力越集中,越能摆脱不良因素的干扰。

下面介绍几种集中注意力的练习方法。

1. 记忆练习

记忆练习可以培养运动员的注意力集中性、想象力和记忆力,练习方法如下。

(1)在僻静的、光线较暗的地方平躺下来。

(2)做一节放松练习。

(3)闭眼,想象有一个温暖而柔软的黑色屏幕。

(4)想象屏幕上出现一个边长12英寸的白方块,离自己一尺远,努力稳定住这个图像。

(5)想象屏幕上有个黑圆圈,集中注意力看黑圆圈。整个图像突然消失,想象头脑中突然闪过的各种图像。

(6)把图像保持几秒钟。

(7)闭眼坚持10~15秒,看自己能否回忆起头脑中消失的东西。

2. 五星练习

剪一块边长 15 英寸的黑色方形硬纸板,再剪一个 8 英寸宽的白色五角星,白色五角星贴在黑色纸板中间,纸板挂墙上。坐在与墙相距 3 英尺的地方,放松。

(1)闭眼,头脑中想象一个黑色屏幕。
(2)睁眼,注意五角星图案,目视 2 分钟。
(3)移开视线,看墙上的五角星虚像。
(4)闭眼,头脑中想象这个虚像。

3. 实物练习

运动员使用身边的体育用品进行练习。例如,用网球练习,手持球,观察球的颜色、形状、纹路等细节,也可用石块、苹果等东西替代。

4. 发令练习

教练员可以用非常微弱的、运动员勉强可以听清的声音发布指令,运动员按指令练习。

5. 秒表练习

注视手表秒针转动,坚持 1 分钟,如注意力一直集中在秒针上,再增加到 2 分钟、3 分钟,等确定注意力集中的最长时间后,再按此时间重复练习 3~4 次,每次间隔 10~15 秒。如果能持续 5 分钟,效果会更好。每天练习几次,能明显改善注意力集中能力。

三、运动员参赛的逆境应对训练

逆境应对训练是针对参加高水平比赛的运动员而设计的一种心理训练模式,它是随着运动训练理念的更新和运动比赛水平的不断提高而提出与构建的。逆境应对训练是一种新型心理训练模式,该模式中的逆境是指阻碍运动员实现比赛目标的各种情境,应对是指克服或处理逆境的意识与方法。该模式特别强调应对的意识,因为运动员有了意识,则他们的应对就不仅是适应环境式应对,还有改变环境式应对,而且不仅能识别比赛中的逆境,还能预见逆境。①

逆境应对训练模式的特点是训练周期有弹性,要求评价应对效果的指标主客观一致,强调教练员的主导性与参与性。在逆境应对训练中,首先要寻找比赛中的典型逆境,然后通过训练,成功应对逆境,即消除逆境,具体包括四个操作阶段,操作程序如图5-3所示。

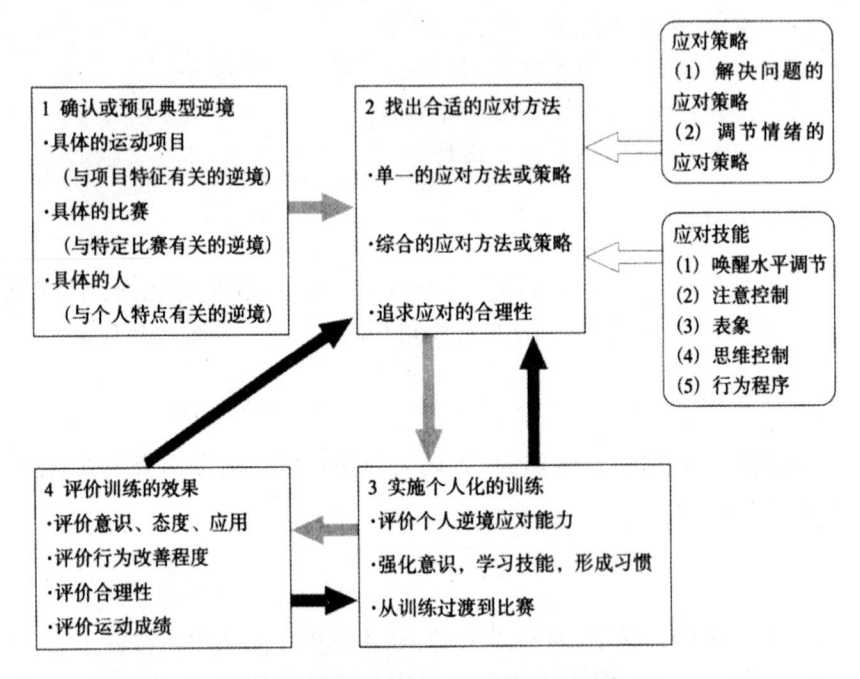

图 5-3 逆境应对训练操作程序示意图②

下面具体分析上图所示的四个操作阶段。

(一)确认或预见典型逆境

运动员比赛中,那些威胁其完成比赛目标的逆境被称为典型逆境,也就是关键逆境。一场比赛中的典型逆境有时只有一种,有时有多种,数量不确定。确认典型逆境是指根据已有经验识别和确认逆境;预见典型逆境是指分析评估可能发生的逆境。

比赛中的典型逆境与运动项目特征、比赛环境密切相关,因此可以将典型逆境划分为以下两种类型。

---

① 张忠秋.优秀运动员心理训练实用指南[M].北京:人民体育出版社,2007.
② 同上.

1. 与项目特征有关的逆境

比赛中的这类逆境既有运动员个人遇到的逆境,也有运动队共同面对的逆境,前者如射击运动员在比赛中因外界干扰无法集中注意力,后者如某个篮球队在比赛中遇到的对手采用了他们最难应对的全场人盯人战术。

2. 与特定比赛有关的逆境

有些运动员在比赛中遇到的典型逆境是比较特定的,比如运动员最害怕的对手出现在比赛中让其感到害怕,或者有些运动员哪怕比分落后一分都感到紧张。

(二)找出应对逆境的方法

应对逆境的方法主要是指应对策略和技能,其中应对策略包括调整心态的策略、解决问题的策略、暂时回避的策略等;应对技能侧重于心理技能,以消除逆境为主要目的,如常见的表象、思维控制、自我暗示、集中或转移注意力等。

确认典型逆境后,要找到恰当的方法去应对逆境,可以采用应对策略,也可以采用应对技能,但常常会将二者综合起来运用。寻找应对逆境的方法的过程是比较难的,而且应对方法是随时需要调整和更换的,有的应对方法一开始就没有起到作用,所以当即被替换,有些应对方法是在运用一段时间后才发现不合适,或者是随着逆境的变化而表现出不适应性,因而也要作出调整和改动。此外,典型逆境的应对方法是很丰富的,教练员和运动员可以自己创造方法,而不要一味局限于现有的技能与策略。

教练员和运动员一定要选择合理的方法去应对逆境,这里的合理表现在两个方面,一是对自身不合理的控制,二是善于将对方的不合理利用起来。选择合理的应对方法时,需要对不同的应对方法进行对比分析,谨慎选择出最佳应对方法。

(三)实施个人化训练

1. 评价逆境应对能力

在个人化训练的开始,要先评价训练对象应对逆境的能力,这方面的评价主要从三个维度展开,包括逆境出现之前对逆境的预见力;遇到逆境后对逆境的承受力以及应对逆境时对逆境的控制力。个人应对能力的评价方式主要有观察法、教练员评估法、问卷法以及访谈法等。

2. 强化意识,学习技能,形成习惯

首先,强化运动员正确看待逆境的意识,使运动员知道逆境在所难免,属于正常现象。

其次,使运动员学习并掌握应对逆境的方法,而且在实践运用中不断修订应对方法。

最后,培养运动员面对逆境的自动化反应能力、积极思维能力、控制逆境的能力以及用实际行动解决逆境的能力,将这些能力发挥出来并培养成为自动化习惯,这是个人化训练的最高境界。运动员在特定逆境中能够表现出这种习惯,以积极的方式去应对预见的或已经产生的逆境。

3. 从训练过渡到比赛

运动员将逆境应对训练中掌握的逆境应对方法和形成的逆境应对能力运用到比赛中,在实战中对方法的可行性、实效性进行检验,并不断调整,促进良好应对习惯的巩固与强化。

(四)评价训练效果

对逆境应对训练效果进行评价,主要从以下三个方面展开。

1. 评价的维度

一是对意识的评价,即运动员是否树立了逆境是正常现象的意识。

二是对态度的评价,即运动员是否以积极态度去应对客观存在的逆境。

三是对应用的评价,即运动员在比赛中是否运用合理的方法去应对逆境以及应对效果如何。

进行以上三个维度的评价时,可采用的评价方式主要有观察法、教练员评估法、问卷法以及访谈法等。

2.评价的内容

在逆境应对训练效果的评价中,具体评价内容有以下几项。

(1)评价应对行为

当出现典型逆境时,运动员的反应能力和应对行为是否有进步,并反映在良好的竞技表现中。

(2)评价合理性

综合逆境应对方法本身的合理性与运动员在比赛中使用专项技能的合理性来评价逆境应对效果,这就要求教练员积极参与逆境应对训练。评价时,要看运动员采用的逆境应对方法是否与其使用的技战术一致,可以提倡运动员大胆尝试和创新,只要能解决问题,不违背规则即可。

(3)评价运动成绩

当评价运动员的逆境应对训练效果如何时,要将运动员的比赛成绩进步情况作为一项标准去检验。这是一项终极检验标准,如果运动员在与典型逆境相配的赛事中运动成绩明显提升,则说明逆境应对训练效果好,反之则说明训练效果差。

四、运动员训练与比赛期间的心理卫生指导

(一)运动员焦虑的心理卫生指导

1.焦虑与运动焦虑

焦虑是一种常见的心理反应,它与一般的心理反应相比程度比较重,也就是"过度"。适当的焦虑有利于促进智力的激发、提升,促进身体活动成绩的改善。但如果过度焦虑,总是胡思乱想,思想悲观,总想一些严重的后果,注意力就无法集中,会对身体活动造成严重影响。

运动焦虑是焦虑的特殊表现,指的是运动员在训练和比赛中,对当前的或预计到的潜在威胁情境产生的担忧倾向。[1]

---

[1] 张忠秋.优秀运动员心理训练实用指南[M].北京:人民体育出版社,2007.

2. 运动焦虑的干预

运动员过度的运动焦虑会对运动训练和比赛发挥造成不良影响,因此必须及时采用科学的方法实施干预,常见干预和缓解方式如下。

(1)通过想象缓解焦虑

对最担心比赛中出现的焦虑情境加以想象,体验这种焦虑的感觉,尝试与焦虑共存,尽管它会让自己觉得不舒服,但只要不危害生命健康即可。这种想象的方式能够使运动员仿佛置身于真实的焦虑情境中,然后做好应对的准备,心里有底,自信心就能够有效提升。

(2)理性思考

当遇到焦虑情境时,认真思考自己是否把事情想得过于严重了,面对这种情境,如果不一味悲观妥协,而是想办法处理,是否可以改变处境,使事情向着对自己有利的方向发展,如果可以,那么下次遇到类似的情境时就要以新的思考方式去想应对和处理的策略,换种思维方式可能会使自己"柳暗花明又一村"。

(3)写日记

运动员养成写日记的习惯有助于减压,在日记中记录烦恼,从中发现压力来源,分析压力的类型,学会放下思想包袱,给自己减压,写完日记之后便会感到一身轻松。

(二)运动员抑郁的心理卫生指导

抑郁的基本情感特征是低沉、灰暗,症状较轻者表现为心情烦闷、心烦意乱、消沉、郁郁寡欢、状态不佳;症状较重者表现为悲伤、绝望。当发现运动员有轻度抑郁症状时就要及时干预和疏导,以免症状加重,造成严重的后果。

1. 克服抑郁

在帮助运动员预防与克服抑郁困扰方面,教练员发挥着重要的作用,应在运动心理训练中做好以下几方面的工作。

第一,正确引导运动员调节自己的心理。

第二,对运动员多加鼓励,提升其自信。

第三,对运动员乐观积极的人生态度进行培养和引导。

第四,帮助运动员制订难度适宜的个人训练计划。

2. 抑郁的心理疗法

（1）合理情绪疗法

在治疗抑郁的心理学方法中，认知心理治疗是非常有效的方法之一，其中就包括合理情绪疗法，具体就是引导抑郁症患者树立正确的信念，形成合理的思维方式，帮助其摆脱不良情绪的困扰，使其心境变得豁然开朗。在采用这一心理治疗法时，要先与抑郁个体进行面对面的交谈，然后对症采取行为矫正技术，对其错误的思考方式和不恰当的认知加以纠正，使其认识到自己所曲解的概念，最终改善其行为方式。

（2）支持疗法

支持疗法也是针对抑郁问题的一种常见心理疗法。心理咨询师运用丰富的心理学知识与抑郁者进行深入的交谈，深入他们的内心世界，了解并解决他们的心理问题，帮助患者减轻痛苦，使患者的人生态度、行为方式都发生积极改变。

采用支持疗法的一般程序如下。

首先，倾听抑郁个体的倾诉。

其次，对抑郁个体的错误认知和消极态度进行解释指导。

再次，对个体进行鼓舞。

最后，强调个体要发挥能动性，依靠自己的主观意识与意志力主动摆脱不良心理。

（三）运动员强迫症的心理卫生指导

强迫症是一种神经症，主要就是强迫症状，自我强迫和反强迫同时存在是强迫症的主要特点。强迫症患者有意识的自我强迫与反强迫之间形成强烈的冲突，从而让患者产生痛苦、焦虑的感受。

强迫症患者产生一种自身反抗与抵触的观念，虽然努力抵抗，但无济于事，有另一种相反的意识支配患者去违反自己意愿，做自己不想做的事。强迫症患者深知这是不正常的神经症，又不能摆脱这种困扰。

对于患有强迫症的运动员，要及时进行心理干预与治疗，在治疗中以精神分析法为主。采用这种方法时，回顾运动员的生活经历与运动生涯，从以往经历中对可能造成强迫症的事件或影响因素进行深刻挖掘，对当时的情境、体验进行表象与回忆，并结合现实对过去有重新的认识，修正错误表象。只有对过去的经历给予重视，才能使运动员重新对待自己的"心结"。

心理学专家在精神分析方面常常采用的心理学手段有催眠、自由联想、释梦等,具体要结合强迫症状和表现来采取恰当的手段。

第三节 运动员智能训练指导

一、运动员运动智能的全面训练

(一)观察力训练

培养与训练运动员的观察力时,主要采用思考法、任务法、游戏法等训练方法。根据实际情况选用相应的训练方法或将多种训练方法结合起来运用可取得良好训练效果。

(二)记忆力训练

运动摄像是提高运动员记忆力的有效方法之一,录制运动员训练或比赛视频,运动员在训练或比赛结束后观看录像,分析与思考技术动作,加深对技战术的理解和记忆,提高主动记忆能力。

(三)思维能力训练

培养运动员的思维能力要求在日常训练中加强对运动员思维的引导,鼓励运动员进行积极的思维活动,使运动员养成主动思考的习惯。

(四)注意力训练

培养运动员的注意力,首先要利用实物、器材、仪器等手段提高运动员集中注意力的能力,然后培养运动员排除干扰的能力,排除内外干扰也是为了提高注意力的集中度。

(五)想象力训练

人的想象力从无意识到有意识,从抽象到具体,从模仿到自创不断发展,想象力经过训练与培养能够得到提高。在想象力训练中,引导运动员进行再造运动想象和创造运动想象,二者相互包含,所以要将二者结合起来,从而提高运动员的想象能力。

二、运动员智能训练的常见方法指导

(一)表象排练法

运动员表象重现和想象自己感知的技战术,使第一、第二信号系统紧密结合,有利于形象思维能力与抽象思维能力并举相长。表象排练法具体有以下几种实施方法。

1. 听讲表象

听讲表象是教练员讲述正确动作方法,运动员在大脑中重述动作方法,并试图用笔画出动作过程。

2. 对比表象

对比表象是在大脑中对比分析错误动作与正确动作,找出错误的原因,确定纠正的办法。

(二)引进植移法

运动员在头脑中对其他专项的先进理论、技战术打法进行分析、加工与改造,最终设计出适合本专项特点的理论、技战术打法,这就是引进植移法。这是培养运动员思维创造力的重要方法,具体包括以下几种移植类型。

1. 理论植移

将优势项目的先进训练理论运用到同类项目的训练或比赛中,指导同类运动的训练或比赛活动。

2. 动作植移

借鉴非专项运动的技术特征,赋予专项的动作形态。

3. 战术植移

借鉴非专项运动的战术打法,赋予专项的战术形式。

（三）求异创新法

求异创新法是培养运动员思维创造力的重要方法，常见的运用形式有以下几种。

1. 对比求异

对比两种以上类型相同但细节不同的技战术，寻找共同点与不同点，深入认识细节，为在比赛中灵活运用技战术奠定良好基础。

2. 组合求异

组合求异是通过不同形式的动作组合使战术变化更丰富，以此提高运动员的求异创新能力。

3. 改造求异

改造求异是指捕捉一些非正规但有实效的变异动作并加以改造，使运动员在比赛中使用这些动作出奇制胜。

第六章 运动员科学训练之技战术训练指导

运动员科学训练的另一重点内容是关于技战术的训练,现代竞技运动项目的成熟常常就体现在其技战术水平方面,因此,对于高水平运动员而言,对技战术的科学训练不仅决定着其竞技能力水平,而且也影响着运动员的运动生涯的走向,因此,对技战术的训练怎样重视都不为过。本章将从技战术基本理论、运动员技术训练指导和运动员战术训练指导三方面展开分析研究,通过全面的梳理竞技运动技战术的理论与训练指导的内容,希望为我国竞技体育的发展作出一定的贡献。

第一节 技战术基本理论

一、技术基本理论

(一)运动技术的定义

不同的体育运动项目都具有其项目特点,其特有的运动技术是运动员竞技能力水平的重要决定因素。运动技术是指运动员按照科学理想的动作模式,充分发挥机体的各种能力,合理、有效地完成各种动作的方法。因此,它能够使运动员充分发挥人体的最大潜能,并且运动员的技术水平直接影响着成绩的高低。随着竞技运动的不断发展,各个项目的运动技术也在不断创新,新的技术模式逐渐取代旧的技术模式。同时,新的技术也是对比赛场地、器材和设备以及规则的不断更新和改进的适应,可以说永远不变的技术是不存在的。

在具体的实践过程中,应注意区分"运动技能"和"运动技巧"这两个专业名词。"运动技能"是指运动员按照技术动作的要求完成动作的能力。"运动技巧"是指运动员掌握运动技术的熟练程度,运动技巧的高低以运动员能够自动化地完成技术动作为衡量标准。

(二)运动技术的基本特征

(1)运动技术与其他技术最主要的区别在于,运动技术是与体育动作密切而不可分割的整体,运动技术只能通过运动员的身体动作表现。

(2)运动技术处于动态的发展变化过程中是它的第二个特征。这是因为,随着竞技运动的发展,与之相关的还有运动规则、运动设备以及运动员的身体心理素质的提高,都会影响运动技术的提升和变化。

(3)运动技术具有相对稳定的动作结构是它的第三个特征。运动技术处于不断的发展变化中,但是这种变化并非随意改变的,它的变化并不影响其内在结构,而是在结构稳定的基础上对局部作出的一些调整。

(4)运动技术具有一定的个体差异性是它的第四个特征。任何运动项目的运动技术都是由具体的运动员实施的,而每个运动员都具有各自的个性差异,因此这种差异往往也会体现在运动技术上。比如,同样的运动技术,不同的运动员在使用过程中会带有鲜明的个人特点。

(三)运动技术原理

整体而言,无论哪种运动项目,都要遵循以下几个学科的原理。

1. 生理学原理

运动技术的形成是遵照人体的生理机制的要求,通过中枢神经的处理,并将信息传递给机体的各个肌肉和组织系统进行应答的完整的生理学过程。因此,学习和掌握运动技术的生理学本质就是建立运动条件反射。

2. 生物力学原理

体育运动中几乎每个环节都有生物力学原理的影子。运动生物力学认为,运动技术的生物力学原理就是身体姿位、关节角度、身体及肢体的位移、运动时间、速度及加速度、用力大小及方向、用力的稳定性及动态力的变化速率、人体各环节的相互配合形式与方式、增大动力的利用率及减少阻力的技巧的综合协调运用的结果。

3. 心理学原理

当前，运动心理学已经成为竞技体育训练中的重要组成部分，运动员在运动过程中，不仅仅是剧烈精彩的身体运动，同时也伴随着紧张、激烈的心理过程。运动技术的心理学机制，目前已受到人们的广泛关注。如运动技术学习与形成所需要的心理能力等，认知心理的形成与发展，表象的形成与运用都对学习和掌握运动技术有着重要的作用。

4. 社会学原理

与运动技术相关的社会学原理主要是美学原理。"运动之美"最直接的体现就是技术美、动作美。尤其是以技能为主导的难美性类项群技术，更是技术美的突出表现。

（四）运动技术的动作要素

动作要素包括身体姿势、动作轨迹、动作时间、动作速度、动作速率、动作力量和动作节奏等。

1. 身体姿势

技术动作首先是由一系列的身体姿势构成，是执行技术动作时，身体或身体各部分在空间产生连续的位置改变，一般可分为开始姿势、动作进行过程中的姿势和结束姿势。

2. 动作轨迹

动作轨迹是指运动员在做动作时身体或身体某部分移动所经过的路线。动作轨迹包括轨迹形状、轨迹方向和轨迹幅度。

3. 动作时间

动作时间是指动作完成所需的时间，包括完成整体动作的全部时间和完成部分动作的操作时间。

4. 动作速度

动作速度是指在单位时间内身体或身体某部分移动的距离。动作速度又可以分为平均速度、瞬时速度、初速度、末速度、角速度和加速度等。

5. 动作力量

动作力量是指运动员在完成动作时身体或身体某部分克服阻力所用的力量大小。

6. 动作速率

动作速率是指单位时间内同一动作的重复次数。

7. 动作节奏

动作节奏是动作的某种表征,包括用力的大小、时间间隔的长短、动作幅度的大小及动作快慢等要素。

(五)技术结构

1. 动作基本结构

动作基本结构由动作基本环节和环节之间的顺序构成。每一技术动作的基本结构都包括若干个基本环节。这些基本环节一般具有某种特定的顺序且不能轻易改变的动作基本结构。一般会将动作基本结构称为"技术链",将动作的基本环节视为"技术链"上的各个点,"顺序"就是连结各个点的链条。由此可知,要想改善动作基本结构,一般要通过改善动作基本环节或者改善环节间的顺序来实现。

2. 技术组合

技术组合是指由若干独立的技术动作为了实现某一技术目的而组成的集合。如乒乓球运动员的"左推右攻",艺术体操运动员的"难度性组合"与"表现性组合"等都属于技术组合。

所有技术动作都是由开始→进行→结束三个环节所组成。一个动作的技术也是下一个动作的开始。一般地,又将技术动作分为技术基础、技术环节和技术细节三部分。

(1)技术基础:所有技术都是按一定的路线、方向、顺序和节奏组成。

(2)技术环节:指组成技术基础的各个部分和各个单位。

(3)技术细节:是指在不影响技术结构的前提下,完成技术动作时所表现出来的细微技术。在细微技术动作上的不断精进也会从整体上提高和完善技术动作。

随着运动员技术训练水平的不断提高,技术细节会越来越明显,技术细节是由运动员个人的形态结构、运动素质和训练水平等多方面因素决定。技术细节也是构成运动员不同技术风格的主要因素。

二、战术基本理论

（一）运动战术的定义

竞技运动的战术是指在比赛过程中,运动员为战胜对手或获得更好的比赛结果而采取的计谋和行动。可以理解为,为战胜对手在比赛前就制定好的即将在比赛中运用的比赛谋略和方法。战术的制定是根据比赛双方的独特状况,经过正确合理地分析而采取的某种对策,战术的基本目的就是充分发挥己方特长、克制对方特长攻击对方的弱点、为战胜对手作出的计谋、方法和行为。

（二）运动战术的构成

战术由战术观念、战术指导思想、战术意识、战术知识、战术形式和战术行动等构成。

1. 战术观念

战术观念是指对比赛战术概念、战术价值功效及运用条件等进行认识和思维后产生的观念。战术观念的形成受到教练、运动员的综合水平,尤其是知识结构、竞赛经验、认知水平和思维方式等因素影响。教练和运动员的战术观念对于战术思考、战术制订、战术实施等具有重要的导向意义。

2. 战术指导思想

战术指导思想是指在战术观念的影响下,根据比赛具体情况提出的战术运用的活动准则。战术指导思想是战术活动的核心,战术是否有效关键取决于战术指导思想的正确与否。

3. 战术意识

战术意识又称为战术素养，是运动员在比赛过程中根据实际情况而决定自己战术行为的思维活动的过程。优秀的运动员都具有较强的战术意识，他们能在复杂多变的竞赛环境中，根据自己的观察和判断，以及对赛程的分析会迅速而正确地决定自己的行动方案，包括个人行动及与同伴的协同配合行动等。优秀的战术意识是需要经过大量的训练，以及丰富的比赛经验长期养成的一种综合意识能力。

4. 战术知识

战术知识是指运动员对比赛战术理论及实践运用的知识，一般可以分为经验性知识和理论性知识两种形态。战术知识是掌握和运用战术的基础。无论是教练还是运动员，他们制定的战术是否合理，在实施战术时是否机动和有效等，都取决于他们积累的战术知识的深度和广度。

5. 战术形式

战术形式是指每一种战术所具有的相对稳定的形态和结构。

6. 战术行动

战术行动是指运动员为达到特定战术目标，采用的动作、动作系列或动作组合。

(三)运动战术的分类

1. 按战术的表现特点分类

(1) 阵形战术

阵形战术是指集体项目中运动员在比赛过程中以一定的阵形站位，从而构成一个相对完整的攻防组合形式去战胜对手的战术行动。在每一种阵型中，对所有运动员有具体的位置分工，每个人有具体明确的任务。因此，在具体的阵形战术中，运动员在配合过程中有严谨的章法可循。

(2) 体力分配战术

竞技运动员在比赛中对体能的消耗是相当惊人的，因此必须合理安排体力,争取获得最有利于本方的比赛局面。体力分配就是通过对体力的合理分配而谋取胜利的战术行动。体力分配战术一般在以体能为主导的运动项目中运动较多,比如长跑、马拉松、游泳等。

（3）参赛目的战术

体能主导类运动员根据自身参赛目的的不同,而选择不同的战术,比如具体的可分为创纪录战术、夺标战术。创纪录战术就是要创造个人的最好成绩,打破现有的世界纪录。夺标战术是指运动员在比赛中以夺取最好名次为目标的战术。

（4）心理战术

心理战术是对参赛对手在心理上施加影响或者压力,目的是干扰对手不能顺利完成其预定的战术。对于一名训练有素的运动员而言,能够巧妙地运用比赛中任何微小的变化来给对方施加压力,好扰乱其预先的战术部署,让对手不能正常发挥出应有的水平。心理战术的主要目的是设法让对手处于心理劣势,自己处于心理优势,从而造成比赛双方的心理差距,为赢得比赛创造条件。因此,心理战术的核心是心理干扰,可以根据具体的情况而选择最有利的手段,比如威慑、麻痹、迷惑等,然后让对手产生压力过重、烦躁不安、情绪失控、盲目自信或丧失信心等消极情绪,诱使对手在错误的心理活动下采取错误的战术行动。

2. 按参加战术行动的人数分类

（1）个人战术

个人战术最常用于在拳击、摔跤、跆拳道、击剑及乒乓球、羽毛球、网球等单打项目中。在篮球、排球、足球、冰球等项目中,个人战术是整体战术的组成部分。

（2）小组战术

小组战术一般是指隔网对抗项群中双打项目比赛中,两名运动员之间协同配合所采取的战术行动,比如网球、羽毛球、乒乓球等。另外还包括在其他集体性项目比赛中两三名运动员共同完成的战术行动。如篮球比赛中的两人快攻、三人快攻等。

（3）集体战术

集体战术是指同一队的所有运动员按统一的战术方案展开比赛的战术行动。在集体对抗性项目中尤其需要集体战术。在集体项目中,个人、小组、全队战术是紧密联系在一起的。个人战术是小组战术和全队战术的基础。

3. 按战术的攻防性质分类

（1）进攻战术

进攻战术是指通过个人的努力或集体的配合，向对手发动主动进攻所组成的战术行动。

（2）防守战术

防守战术是指由个人、小组或集体队员协同配合采取的阻碍对手进攻的战术行动。

（3）相持战术

相持战术是指比赛双方实力相当，为争得主动并向着有利于己方的方向转化而采取的战术行动。

4. 按战术的普适性分类

（1）基础战术

基础战术是指具有较大普适性的战术。如乒乓球的发球抢攻战术、篮球的人盯人防守战术、击剑的防守反击战术等。

（2）特殊战术

"一次性效应"是特殊战术的显著特征，它是针对特有对手设计的某种战术，特殊战术不能经常使用，但是它的效力却非常显著。

第二节　运动员技术训练指导

一、运动员技术训练的方法

（一）直观法

直观法是体育运动技术训练中的基本方法，它的原理是借助运动员的感觉器官建立起对技术动作的直观且深刻的表象。通过对动作技术的感性认识，帮助运动员逐渐掌握和提高运动技术水平的一种训练方法。但是为了更好地发挥直观法的优势，在使用中要注意以下两点。

（1）根据实际情况选择最有利于运动员掌握的直观训练的手段，比如简单的技术动作可以由教练亲身示范,但是过于复杂或者对技术细节需要重点掌握的可以选择视频慢放、图片解析或者动画等手段实现。训练过程中要注意循序渐进地进行,并且视觉的刺激是训练的第一步,要想熟练掌握动作还需要肌肉记忆才能实现。

（2）对于教练亲身展示技术动作务必要做到准确和规范,一旦运动员形成了错误的记忆,后期将难以改变。

(二)语言法

语言法是指教练运用语言指导运动员学习和掌握技术动作的训练方法。主要用于纠正错误动作和提高技术水平。在运用语言法时应注意以下几点。

1. 要做到精讲多练

语言法的优势是可以对技术动作的微妙细节作出详细的分析和描述。有经验的教练常常将直观法和语言法相结合运用,这样能给运动员同时留下感官和思维的记忆。而且语言还具有生活形象、重点突出的特点,这对于帮助与运动员构建技术动作基础非常重要。

2. 语言要生动形象

语言法对教练的执教水平有较高的要求,有的教练可以将一个技术点讲解得非常生动,给运动员留下深刻的印象,这为后期的训练打下良好的基础。如果教练语言表达能力枯燥生硬,那么就丧失了语言法的优势,因此,教练的口头表达能力是一项职业必备能力。

3. 要正确运用术语

术语的作用就是能用一个概括性词语说明某个动作的名称、技术特点、动作结构、动作规格等。术语的优势就是用一个简单词语能够代表一个复杂的技术概念,这为训练提供了极大的便利,让教练和运动员都能够更加自然顺利的沟通技术细节。

4. 多借鉴口诀和顺口溜

有经验的教练会积累很多实用的口诀或者顺口溜,便于将复杂困难的技术动作进行高度的概括,通过几个字或几句话,就能将整个技术动作的全过程中的每个环节都形象地表达清楚。这对运动员的日常训练提供了便利性,而且口诀和顺口溜语言简练,条理清楚,有一定的节奏韵律,非常方便记忆。

5.使用科学的语言

虽然一些口诀的使用方便了教练的教学和运动员的记忆,但是,教练在使用语言法时应该主要以使用科学的语言为主。科学的语言是指对概念和理论要用词严谨,不能使用自己理解后转化的白话,因为这样有可能丢失某些重要的信息。科学的语言是经过严格论证的,因此是经得住推敲,也更利于传播,对运动员的长远发展具有重要作用。总之,教练的指导语言要有严谨的逻辑层次,技术分析要有充分的依据。

6.注意语言的艺术性

指导语言的艺术性主要体现在语言的形象、生动而有趣味性的方面。指导语言形象、生动而有趣味,能吸引运动员的注意,对调动他们训练的主动性和积极性尤为重要。

(三)分解法

分解法是指把完整技术动作按其基本环节,分成若干个相对独立的部分,或者分解为可以独立进行练习的小节,然后使运动员分别进行练习的训练方法。首先,分解法的优点是大幅度降低了技术困难,将整套的、高难度的技术动作分解为若干相对简单好学的部分,当运动员掌握了独立的部分后,再进行完整练习。其次,分解法还缓解了运动员的畏难心理,增强了他们掌握动作的信心,从而提高了训练效率。运用分解法时应注意以下几点。

(1)在分解难度较大的技术动作时,注意分解的方法要得当,主要以分解后的动作不会破坏动作的完整性为衡量标准。

(2)通过分解技术动作,降低运动员在练习过程中的动作难度和危险程度,加快学习速度。

(3)一些对运动员身体素质具有较高要求的技术动作需要采用分解法。以此来降低对运动员身体素质的要求,使运动员有机会边提高身体素质,边练习技术动作。

(4)在进行分解法训练时,要突出对技术动作核心环节的分解法教学与训练,以使运动员能够在较短时间内掌握技术动作的核心环节。

(5)分解法不宜长时间使用,要不断与完整法结合起来使用。长时间进行分解法训练,难以使运动员对整个技术动作形成完整的技术动作技能。

(四)完整法

完整法是指运动员从技术动作的开始姿势到结束姿势,完整地进行练习的训练方法。完整法适用于技术难度适中或相对简单的技术动作,或者复杂但是无法分解的技术动作。运用完整法时应注意以下两点。

(1)当技术动作简单时,教练员在安排练习方法时要注意练习形式的多样性和竞争性,使运动员在一种"竞争求胜"的心理状态下进行学习和训练,从而提高运动员的学习训练热情。

(2)当技术动作具有一定的难度时,教练要注意降低整个技术动作的难度,一般情况下会降低动作的速度幅度,首先,要保证让运动员掌握动作的基本结构,从而帮助运动员建立一定的技术概念。其次,教练要突出对技术动作核心环节的练习,争取以点带线、以线带面的方式提高整个技术动作水平。

(五)表象法

指运动员在头脑中对过去完成的正确技术动作的回忆与再现、唤起临场感觉的训练方法,亦称念动法。运用表象法时应注意两方面。

(1)表象法运动的时机非常重要。表象法要选择在运动员已经能够完整地、正确地完成技术动作之后进行。

(2)高水平运动员可以进行完整动作的表象,如果运动员的运动水平还较低,可以先对局部环节特别是核心环节进行表象训练。

(六)减难法与加难法

减难法是指以低于专项要求的难度进行训练的方法。此种方法常用于学习新动作或改正动作阶段。加难法是指以高于专项要求的难度进行训练的方法,加难法常用于高水平运动员的训练中。运用减难法和加难法训练时应注意以下几点。

(1)一般对于初级运动员常常使用减难法进行训练,一来可以提高训练的效率,二来也可以帮助初级运动员快速适应训练,建立起自信心；对于已经基本掌握了技术动作，需要进一步提高技术水平的运动员则采用加难法进行训练，以不断提高运动员掌握技术动作的熟练水平。

（2）可以采取部分减难或加难的方法，也可以采取整体减难或加难的方法进行运动技术训练。

（七）多球训练法

多球训练是指在各种球类运动项目中，同时采用多球进行某一种技术动作的训练。多球训练具有加强技术动作的稳定性、提高训练难度、增加训练强度等特点。多球训练法可以加大运动员技术动作的练习难度，在加大训练的密度节奏的同时也加大了技术训练的难度，是一种能够快速提高运动员技术动作水平的训练方法。运用多球训练法时应注意以下三点。

（1）要针对提高队员连接动作水平，以及变化动作的能力而组织运用多球训练。

（2）进行多球训练时要强调突出动作的节奏和变化；要在加快的速度和变化的情况下保证动作质量，以获得更好的训练效果。

（3）要注意控制训练的强度，不要片面追求练习强度而忽视动作质量。

（八）预防与纠正错误法

预防与纠正错误法是针对错误动作而设计的训练方法，它的关键是找出造成错误的原因，然后选择有针对性的训练方法进行集中训练。在采用预防与纠正错误法时应注意以下几点。

（1）对于难度大的技术动作，教练可以在最初教学时就强调容易出现的错误动作，并给出有针对性的预防方法。

（2）对于典型的、多数队员都会出现的问题，教练要采用预防与纠正错误法进行训练，并采取有针对性的辅助练习方法进行练习。

（3）纠正错误要及时、准确，一旦发现运动员出现了某一技术错误，教练应立即指出和纠正，否则一旦运动员对错误技术动作形成表象或者肌肉记忆则很难以纠正过来。

第六章　运动员科学训练之技战术训练指导

二、运动员技术训练的基本要求

（一）处理基础技术和高难度技术的关系

首先要明确的是，基本技术是从事各项运动的基础，无论什么类型的运动都需要具备扎实的基础技术训练。基础技术训练是高难度技术训练的基础。当基础训练进行到一定阶段，就要提高训练难度，这是所有运动项目训练的基本规律，也是人体机能提高的生物规律。扎实的基础是高水平运动员的必备条件，只有先掌握了过硬的基础技术，才能真正地掌握高难技术，也才会逐渐形成自身的技术风格。

（二）处理好特长技术与全面技术的关系

不同的运动项目都存在着特长技术和全面技术。特长技术是指在运动员所掌握的技术"群"中，那些对其获取优异运动成绩有决定性意义的，能够充分展现个人特点或优势、使用概率和（或）得分概率相对较高的技术。全面技术是指组成专项运动的各个动作技术之间有着内在的联系，相互促进，相互影响，同时要求运动员要全面掌握组成专项运动中的各个技术动作。

全面技术构成了运动员的运动技能的基础，在此基础之上，可以有针对性地训练运动员的特长技术。因为只有具有了一门"独门秘籍"，才能有助于运动员在比赛中获得高分或者占据一定的竞争优势。技术全面对发展运动素质，提高运动成绩有重要的意义。所以，两者的有机结合可以有效提高训练的效果。

在掌握全面技术训练的同时应抓重点技术，如抓训练中专项关键性技术、分工技术、运动员特长技术等。在大力着手于特长技术训练的同时，更不能忽略全面地掌握专项运动中的各项技术这一重点。其实，各种技术动作并不是相互割裂的，它们之间存在着密切的内在联系，起着相互促进、相互影响的作用。因此，全面技术与特长技术实际上是相互依存和相互促进的关系，在训练过程中，教练应及时地对运动员进行引导，使训练向更加有利于形成特长技术的方向发展，同时对全面技术的提高也具有加强作用。

另外，在运动竞赛中，特长技术能否发挥需要全面技术的铺垫和准备。很多时候，一名运动员的运动成绩更多地取决于其水平较低的技术,而非其特长技术。即运动员的技术系统会发挥出类似"木桶原理"的效应。因此,只强调特长技术的训练是不科学的。总之,在日常的训练中要求运动员的特长技术和全面技术两者要结合起来进行训练。

(三)处理规范化与个体差异的关系

合理、规范和实用是所有运动技术都具有的特性。科学合理的运动技术必须符合力学和生物学的原理和规律。技术规范是一种理想模式的技术规格,是经过长期实践,以及根据相应的科学理论总结归纳出的具有一定模式化特征的标准和要求。科学合理的运动技术必须符合力学和生物学的原理和规律。在实践工作中,规范化和个体差异一般并非同时出现。比如,对于少年儿童运动员的初级训练阶段,必须强调技术的规范化,规范化大于个体差异。少年儿童的身体还处于发育过程中,还有很大的可塑性,因此个体差异较大,还有很大的发展空间,然而规范化是打基础阶段的重要议题,如果在初期训练中掺杂了许多不规范的技术,那么会为后期训练造成很多困难和障碍,甚至有可能荒废了一个优秀的运动员。

需要强调的是,技术规范只是为技术训练提供一些准则,指明一个基本的方向,它不可能深入到每名运动员的技术细节中去。因此,在训练的中后期,个体差异与技术规范同等重要,应引起同样的重视。由于各种技术要素之间存在着相互补充、互相增强的关系,运动员不同的个体条件也对专项技术产生极大的影响。由于运动员在技术训练中存在着个人的特点即个体差异,在技术的掌握过程中,也许不符合技术规格的动作但对其本人的练习与进步确实是有效的。所以,在技术训练中除必须要求运动员按技术规格练习外,还应注意运动员的个人特点。

(四)处理循序渐进与难点先行的关系

一般而言,大多数的技术训练都要遵循着循序渐进的原则进行,并且在训练内容和训练方法的选择上,也是以"学习—提高—巩固—再学习—再提高—再巩固"的程序进行。这是因为,在各个技术的内部组成之间,有着紧密的内在联系,对于技术动作的训练要充分认识和利用这种内在固有的联系,沿着由低到高、由易到难的顺序进行,才能收到事半功倍的效果,才能保证运动员的安全训练,也符合运动员的心理发展规律。

不可否认的是,在某些条件或情况下,"难点先行"可以获得更好的效果。但是首先需要指出,"难点先行"绝不是不顾人体的基本生长规律,盲目地提高训练难度。在采用"难点先行"的训练手段时,前提条件是运动员已经具备一定的基本能力。总之,"难点先行"是"循序渐进"的一种特例,它并不是对循序渐进的否定,而是在安全的前提条件下按照一种新的"顺序"来进行训练。

(五)注重技术风格的培养

技术风格是指某运动员或者运动队的技术系统,区别于其他的运动员或者运动队的技术系统的、较为成熟和定型化了的、经常表现出来的特征。技术风格被誉为运动技术的"灵魂"。技术风格是运动员的技术成熟到一定程度之后自然产生的某种特征和风格,这种风格不仅仅局限在技术方面,它还包括了运动员的认知水平和性格特征等多种因素。其实,每一位运动员都有自身独特的技术风格,只是有的人的风格格外突出,有人的风格没有那么强的张力,因此不容易被人注意到。其实,技术风格不仅限于运动员个人,一个队伍也有集体的技术风格,比如以足球为例,就有粗犷派和细腻派等许多不同的风格。

总之,运动员或者运动队技术系统有其自身的独特性,技术风格的培养是一个长期的过程,除了包含技术、性格等因素外,还与国家、地区、民族等多种因素相关,每一种风格都具有独特的功能和魅力,有各自的用途和追随者,都为竞技运动的发展发挥了重要的作用。

(六)改善动作基本结构,提高技术组合水平

改善动作基本结构和提高技术组合水平,是提高运动技术整体水平的重要途径。技术组合有两层含义:宏观的,是指运动专项技术群中各种技术的组合与连接方式;微观的,是指某一种具体技术内部各个技术环节的连接方式。

对于技能主导类表现准确性项群来讲,提高运动员整体技能水平的主要方式为改善单个技术动作的基本结构和提高单个技术动作的组合水平。竞技比赛对运动成绩的要求比较高,所以说对高水平运动员来讲,这个问题显得更为重要。根据运动技术在临场上的运用形式,可大体将运动组合技术的诸项群区分为固定组合和变异类组合两大类。在技战能主导类表现难美性项群中,单个动作的组合构成"动作"。其"编

排"(组合)水平的高低,也将直接影响运动成绩。例如,在体操项目中,人们一般把固定式组合称为"动作编排"。"编排"(组合)水平是否新颖,直接影响比赛成绩。动作编排是否突出,在比赛中起到了"龙头"作用,对整个比赛的胜负有决定性影响。在技能主导类的格斗对抗性、隔网对抗性及同场对抗性项群中,根据对手的情况,技术的运用除有一定的固定形式外,也存在着变异组合形式。对于体心能主导类项群来讲,专项技术动作相对单一,所以对各个动作的基本环节精雕细刻,并力求使环节间的联系更加流畅,可以更大限度地发挥运动员的体能水平。

(七)重视运动技术创新

1. 运动技术的创新

运动技术创新是指在原理、结构等方面有别于原有技术,其价值在于运动比赛中转换成优异运动成绩的新技术。运动技术创新是运动技术发展的生命,具有巨大的实践价值。一个细微的运动技术的创新,有可能引起整个运动技术体系的震荡,产生蝴蝶效应,进而打破原有的运动技术结构,从而建立新的运动技术结构。所以,新技术的出现对于整个运动项目来说都是一件非常重要的事情,甚至会影响该项目的发展方向。总体而言,每一次新技术的创新都会使对抗更加激烈,项目难度增加,让比赛更具观赏性。

有时候,运动技术的创新是针对某一个选手而研发的,比如希望与强劲对手形成技术"落差",而这种有针对性的创新有时会引领一个新时代的到来。一般地,人们对一项新技术的适应和掌握需要一个较长的过程,所以创新者就可以在相当长一段时间内处于该项目的领先地位。

2. 运动技术的持续创新

运动技术的持续创新,是指特定创新主体在专项运动技术演变的历史过程中,不满足于单一运动技术的创新,不断地创新并从创新中获取效益的过程。单纯的技术创新很容易被模仿甚至超越,所以只有持续的创新才难以被复制。运动技术的持续创新过程有三个特性。

(1)时间的延续性。运动技术的持续创新在时间维度上表现为一个延续的过程。

(2)动机激励机制的有效性。创新动机有时候来源于运动员对比赛成绩的追求,这为创新提供了外在刺激。有时候的创新来源于运动员的创新偏好。这种动机提供的是内在激励。有了内外两种激励,运动员的创新意识强烈,于是会出现技术的连续创新。

(3)在创新理论中有一种思想是"创新旨在获取潜在的利益",直白地说,技术的持续创新是为了持续获得最大化的效益,争取持续地获得优异的运动成绩。

第三节　运动员战术训练指导

一、运动员战术训练的方法

战术训练方法的采用应根据专项比赛的要求,应有利于发挥运动员的身体和技术特长,应能充分调动运动员的主动性和积极性。

(一)分解与完整训练法

战术的分解训练法是指把一个完整的战术组合分解成若干相对独立的部分,然后依次对各个部分进行训练的方法。分解训练法常常用于对新战术或者难度较大的战术的训练时所采用。它的优势是降低训练的难度,提高训练效率,让运动员对战术的每个环节都有清晰的认识和把握。

战术的完整训练法是指不改变战术的完整性,一次性进行战术组合训练的方法。完整训练法需要运动员已经掌握了一定的战术知识和战术能力,能够理解和基本实现即将进行的训练,完整训练法有时是对分解训练法的总结,有时是为了训练运动员的流畅地完成整个战术组合的能力。

(二)减难与加难训练法

减难训练法是指以低于比赛难度的要求进行训练的方法。加难训练法是指以高于比赛难度的要求进行训练的方法。

减难训练法常常用于战术训练的初始阶段。这样可以让运动员更快地接受战术的完整意图和具体步骤,同时也降低了运动员的训练难度,可以增强训练信心。如同场对抗性项群的球类项目中,最初可在消极防守或不加防守的条件下完成战术练习,待运动员已掌握战术的基本步骤后,逐渐加强防守提高难度以达到比赛要求。

加难训练法是提高运动员在复杂困难的情况下运用战术的能力。一般的方式是增加训练的限制条件,如限制场地、缩短时间等;或者提高训练的标准,比如对动作的速度、幅度或者高度提出高于比赛的要求;或者与明显高于自身水平的对手进行对抗,与不属同一级别的高水平运动员或运动队进行比赛,从而达到加难训练的目的。

(三)虚拟现实训练法

虚拟现实训练法是近些年出现的,广泛受到欢迎的一种训练方法。虚拟现实法需要借助高科技设备,将比赛中可能出现的全部情况都预先作出预判和应对设计,然后通过三维动画的形式将比赛场景直观地呈现出来,从而可以帮助运动员提高预见能力,以及提前针对不同的情况进行训练。虚拟现实训练法目前在德国、英国等足球队中已运用得较为普遍。可以预计,随着高科技手段在运动训练和运动竞赛中的广泛渗透,虚拟现实训练法也将在更多项目中得到采用。

(四)想象训练法

想象训练法是高度依赖人类心理活动的一种训练方法。这种方法是鼓励运动员通过想象,在大脑内部发挥想象和暗示的作用,进行战术表象的回忆,从而帮助运动员在大脑中建立丰富的、准确的战术运动表象。那么在实践中就会更加游刃有余地运用这些战术。

(五)程序训练法

程序训练法是近年来从教学领域引进的一种训练法。在运用程序训练法进行制胜训练时,除应遵循由易到难、由简到繁、从固定到变异的一般性程序外,还应特别注意编制不同项群战术训练的特殊程序。比如,体能主导类项群可考虑:不同战术方案选优→重复熟练→不同情况下实施战术训练→在实战条件下进行训练。而技能主导类对抗性项群可考虑:无防守训练→消极防守训练→积极防守训练→模拟比赛训练→实战训练。

（六）模拟训练法

模拟训练法是在具备准确的比赛信息的基础上，设法高度模拟真实的比赛场景，包括比赛环境、比赛设置、具备主要对手特征的陪练人员的对练等，总之是在高度接近真实比赛的条件下进行训练。通过模拟训练，让运动员快速熟悉和适应比赛环境，这是一种使运动员获得特殊战术能力的、针对性极强的训练方法。

随着运动训练实践的发展，模拟训练方法的应用范围逐渐扩大。不仅应用于技能主导类格斗对抗、隔网对抗、同场对抗类项群的战术训练之中，而且在体能主导类项群中，为使运动员能针对比赛场地、气候、日程安排等具体情况进行有效的战术准备，模拟训练也在逐渐开展。

1. 基本结构

一般来说，首先，最重要的是把重大比赛中的某个主要对手作为被模拟的对象，找到具有相似技战术特征的陪练进行模拟比赛；其次，是高度模拟真实比赛的场地、器材、设备、气候、日程安排等，甚至会制造相应的环境音，比如模拟正式比赛中，用多种语言宣布比赛成绩，以及对手的成绩等，帮助运动员提早适应比赛环境。总之，在模拟训练中有三个因素是不可缺少的，一是被模拟系统，二是同态系统，再有是主练系统，这三者以一定形式构成模拟训练的基本结构。

2. 被模拟系统和同态系统的关系

"相似"，是被模拟系统和同态系统之间应当具备的最基本的关系。两个系统是否相似或相似程度如何，是模拟训练是否有效或有效程度如何的首要前提。对同态系统和被模拟系统的相似关系，可以从以下几个方面衡量。

（1）几何相似。即两个系统在空间几何学上的相似。即场馆的大小、高度、赛道的标准，以及相应的比赛设施在几何学上的相似性等。

（2）物理相似。比如要高度模仿对手的身材、声音、发球力度、速度、旋转等。

（3）数学相似。即两个系统中存在着相似的数学形式。如美国著名运动生物力学专家艾里尔博士就是通过电子计算机建立了中国女排比赛时战术特点的数学方程，并通过对此的求解来帮助美国女排进行战术模拟训练的。

3. 模拟训练的分类

对模拟训练的分类可分为两种方式。一种是依被模拟系统将其分为比赛对手的模拟训练、比赛动作的模拟训练和比赛环境的模拟训练；另一种是将其分为静态模拟训练和动态模拟训练。比如比赛的地域、环境等。

在很多情况下，为使战术训练更具"实感"，必须综合运用并同时进行动态模拟和静态模拟。对比赛中的每一个细节都要格外重视，甚至有些对比赛本身没有什么影响，但是确实增加"实感"的必要因素，比如大放录音、挂彩旗、大屏幕显示成绩、允许场下队员呐喊等。这种训练就可看成是静态与动态综合的模拟训练。

4. 模拟训练的一般程序和要求

模拟训练的程序一般为：明确被模拟对象，确定被模拟系统的边界，设置同态系统并进行相似分析，主练系统与同态系统一起练习。

在完成上述程序的过程中，要密切注意被模拟系统的变化情况，以便及时调整同态系统，从而使两个系统能最大限度地保持相似。

在采用模拟训练方法时，应注意以下要求。

（1）模拟训练并不能增加运动员或运动队的战术能力，因此，模拟训练的目的是，让已经具备完整战术能力的运动员或者运动队在真实比赛中能够顺利发挥出应有的战术水平。如果运动员或运动队不具有相应的战术能力，模拟训练是不会有多大效果的。

（2）在模拟训练中，要教育作为主练系统的运动员切实树立"从实战出发"的思想，把同态系统视作被模拟系统，努力提高训练质量，从而提高针对特殊对手的特殊战术能力。

（七）实战法

实战法是指在比赛中培养战术能力的方法。因为当运动员真实地参加了比赛，在赛场上真实地体会到在与对手的对抗过程中的战术不足，然后教练再提出某一战术方法，会让运动员立刻就心领神会，并很难忘记。通过更加直接的训练，运动员对该战术很可能是终生难忘的。在参加重大比赛前，往往安排一些邀请赛或热身赛等，其目的之一就是演练将在重大比赛中使用的战术,以检验其有效性。

二、运动员战术训练的基本要求

(一)把握项目制胜规律

战术训练的主要目的是在竞赛中通过对战术的熟练运用帮助运动员或者运动队夺取优异的成绩。制胜,是战术训练最基本的要求,也是形成正确战术观、正确制定战术方案、正确实施战术训练、在比赛中正确运用战术的前提性条件。

制胜规律包括制胜因素和制胜因素之间的本质联系。

制胜因素是指对专项运动成绩具有决定性影响的因素。如乒乓球项目的"快、转、准、狠、变",排球项目的"高、全、快、变"等,这些都是我国经过长期实践总结出来的制胜因素。这些因素是人们在对专项比赛的各种特性进行深入研究后得出的宝贵知识财富。

每个运动项目中,其制胜因素绝不仅有一个或两个,而是都有一个"因素群"。那么这些因素之间的关系,同样具有至关重要的意义。首先,在若干因素之间存在着许多必然联系,有的互相促进,有的互相制约,有的互相矛盾。只有正确地把握这些关系才能做到遵循制胜规律,才能有效地进行战术训练。其次,在认识制胜因素及其关系时,要特别注意各因素内涵的发展情况。例如,目前在对技能主导类项群隔网对抗项目"快"的理解上,除了适应球速快以外,还要最大限度地适应对手、最大限度地不让对手适应自己,这些都是我们在进行战术训练时应该加以注意的。

(二)培养战术意识

战术意识是一种特殊的思维活动过程,它包含了战术信息搜集、战术信息选择、战术行为决策等几个部分,每个部分之间都存在紧密联系,其中任何一个部分的改变都可能会导致整个战术的改变。

战术意识的具体内容体现在技术运用的目的性、战术行动的预见性、判断的准确性、攻防转换的平衡性、战术变化的灵活性、战术配合的协同性、战术行为的隐蔽性等。

培养运动员的战术意识,是战术训练的中心环节。具体地讲,包括系统性训练运动员了解专项竞赛基本规律与战术特征,了解比赛中战术变化的规律及正确的应变措施,同时还要积累专项战术理论及经验知识,这些积累不仅是理论上的积累,还包括大量的实践经验,即大量的训练和比赛积累。战术意识的培养也与运动员的思维活动高度相关,受到运动员个人条件的制约和加强,这要因人而异。从某种意义上讲,战术思维是战术意识的核心。因此,运动员的战术思维能力水平决定了其战术意识水平。具体而言,运动员思维的灵活性、预见性和创造性等是其战术意识的决定因素。

（三）培养战术运用能力

战术运动能力的培养是战术训练的重中之重,如果仅仅保证了"输入",却没有对"输出"进行训练,那么在真实比赛中的效果就不会很理想。这也是现在常常提出的以赛代练的原因,战术运用的基本要求如下：

（1）明确目的性和针对性。运动员必须对每一战术的运用都有明确的目的性,指导运用该战术要得到什么目的,得到什么样的结果,要做到有的放矢。

（2）高度的实效性。战术运用目的是制胜,因此,应以能否达到制胜目的为准,力戒华而不实。

（3）高度的灵活性。运动员要具有在真实赛场上的机变能力,能够灵活地根据场上局势随时调整战术,有效地运用战术,力争主动,避免被动,使战局向有利于本方的方向发展。

（四）重视战术组合

没有那一场比赛是单纯地运用一种战术的,尤其现代竞技体育中,战术是以"复合化"的方向发展和运用的。也就是说,战术常常是以组合的形式出现和发挥作用的。那么对于战术训练而言,就是如何将多套战术有机地结合起来,发挥出更强的威力,并且能够在赛场上有针对性地制约对手的正常发挥,这是衡量运动员战术水平高低的主要标志,也是现代竞技运动战术训练的主要目标。

战术组合可分为程式性组合与创造性组合两种。程式性组合是指将各种战术行动在空间和时间上按照固有的程式所构成的战术组合。如足球中的阵型战术、篮球中的联防、盯人战术等。另外,针对特定对手而专门制定的战术组合也属于程式组合战术。

创造性组合能力是程式性组合能力的升华,程式性组合能力是创造性组合能力的基础。当运动员对程式性组合掌握得精通熟练的时候,创造性组合战术会应运而生。

(五)个人、集体战术配合

个人战术指运动员的个人战术行为,个人战术行为是集体战术行为的基础。个人战术行为可以大体上分为"单兵作战能力"和"协同作战能力"。因此,当进行集体项目时,个人战术行为的功能主要是指与队友协同作战,并为队友创造制胜的机会的能力。个人战术能力培养是提高运动员战术行为能力的基础,也是战术培养的关键环节。在培养个人战术时,包括丰富的战术理论知识、结构独特的个人战术体系、独特的战术风格等,个人战术的提高是发展机体战术能力的前提,如果一个运动员具有超强的个人战术能力,那么对整个队伍的战斗能力都有明显的加强作用。集体战术以个人战术为基础并对此加以协调配合。集体战术能力是运动队伍整体竞技能力极为重要的组成部分。在集体对抗性项目中,合理有效的集体战术往往是取得胜利的关键。

(六)加强战术创新研究

一般情况下,在竞技体育中会将战术创新分为常用战术创新和特殊战术创新。常用战术创新是一种基础性创新。常用战术作为基础性战术具有较大的普适性,在很多情境下都有可发挥的空间,但是赛场上的每种情境是千差万别的,因此在实践中使用常用战术的时候,并非只有局部的一些创新就可能给专项战术体系带来革命性影响。但是,此种战术创新难度较大。

特殊战术创新是一种实用性创新,也就是说针对某个运动员或运动队而特殊"设计"出的新战术。由于特殊战术具有较强的针对性,也往往表现得很有杀伤力,能够有效地制约住对手。因此,教练和运动员应当着重把精力放在特殊战术的研究和实践上。

第七章 运动员训练后的运动康复

运动康复是运动员在训练和比赛生活中的一个较为特殊的训练部分。竞技体育的激烈性以及高强度的训练,导致运动员在训练和比赛中总难免伴随着运动损伤或运动意外的发生,这就是运动康复产生的客观条件。可以说,运动康复是职业运动员需要熟悉和了解的一项重要内容,不仅可以对运动损伤起到一定的预防作用,而且也能在心理上让运动员有一定的掌控感,即使受伤也可以采取科学的手段进行治疗和康复。本章将从运动康复的起源与发展、运动康复的特点与原则、运动康复的适应证与禁忌证以及运动康复的功能评定四个方面展开研究,希望对我国竞技人才的培养,特别是对运动员的运动保护起到一定的积极作用。

第一节 运动康复的起源与发展

一、运动康复的起源

运动康复具有悠久的历史,也可以说,运动康复伴随着人类的发展在很久远的时期就已经存在了。但是作为康复治疗的手段,则是从竞技体育的广泛发展和推广之后才逐渐成体系地发展起来的。运动康复最早是在20世纪40年代的西方开始兴起,伴随着竞技体育的发展而发展,随后它的作用逐步凸显,并得到进一步的重视和推广。

说到运动康复的起源,有很多学者提出,早在古希腊、古埃及时期就已经出现运动康复的图文记载。比如,在一些文物上可以依稀看到当时的人们采用运动手段治疗疾病的故事。尽管当时人们并没有给运动康复命名,而且也没有形成专门的体系,但是,在人们的意识里,已经出现借助运动帮助身体康复的意识,也采取了相应的行动。在一定的范围内,人们已经自发地传承和推广这种对身体有益的康复方式。

关于我国的运动康复的历史记载,大约是在春秋战国时期。那时,运动养生的概念已经逐渐萌芽,还出现了最早的运动养生论以及运动养生的方法。三国时期,名医华佗通过观察动物,结合医学医理编制了著名的"五禽戏",它被认为是我国古代运动康复的典范之作。

中华文化自古讲究天人合一,因此早期很多拳法都是以养生、强健体魄为主要目的的。流传至今的有太极拳、十段锦等在民间受到普遍欢迎。中国传统体育中有很多都是具有健身、保健、康复和养生的价值,这些都是后来发展成为运动康复的重要文化积累。

二、运动康复的发展

运动康复严格来说还是一门新兴的学科,它是伴随着竞技体育的强势而发展起来的,运动康复涉及医学、心理学、社会学、工程学等相关学科,博采众长,以恢复和发展受损或者受伤的机体功能为主要目的。因此,运动康复是一门综合性学科,它的发展是随着相关学科的发展而发展的。

(一)学科发展

运动康复是一门跨学科的综合学科,它为身体机能出现故障,或者因运动意外产生损伤的人群提供有针对性的运动疗法,同时,随着时间的推移,它的服务对象逐渐拓宽为普通大众,为一些病后体弱的人群提供了大量的帮助。就目前来看,运动康复的受众在逐渐扩大,甚至直接推动了康复医学的诞生。其中主要的原因可以概括为以下几方面。

(1)随着人类医学的进步,原来的一些急性传染病得到控制,人们的寿命普遍得到延长,而慢性病和其他致残性疾病相对有增多的趋势。

(2)工业革命之后,人类逐渐从刀耕火种的劳作中解放出来,但是与此同时,机械化的大量使用以及汽车工业的快速发展,造成频繁的意外伤害和交通事故给人们的生命安全带来较大的困扰,人们需要一种治疗之外的康复手段以促进身体恢复。

(3)人类的寿命普遍延长也带来了老龄化问题,大量的老年人需要通过缓和的运动疗法来对抗老年病症和身体衰老。

（4）社会、文化、医学发展等在客观上促进了康复医学的兴起。

康复医学的兴起反映了现代人类对医疗保健需求的改变，同时也是技术进步的结果。康复医学的产生和发展与人们社会生活的变化具有十分密切的关系。

（二）现实意义

运动康复从产生的那天起，就具有明确的现实意义，就是为了辅助受到意外伤害或者罹患其他生理疾病的人们，进行针对性较强的、科学有效的康复锻炼，从而加速机体的快速恢复。无论是在竞技体育领域，还是大众医学领域，运动康复都具有非常重要的、明确的现实意义。随着社会的不断进步，运动康复在原有的基础上，逐渐发展出更加完善的理论体系，并且紧密结合现实需要，不断研发和拓展。就目前的情况来看，作为一门新兴学科，运动康复或者康复医学都已经被越来越多的人所熟知。运动康复为人们的生命健康又增加了一道保护锁，无论是运动员还是绝大多数的普通人，他们对运动康复有了较为清晰的了解和认识，并将运动康复用于日常的养生、复健活动中，这无疑提高了人们的生活质量和健康安全感。

第二节　运动康复的特点与原则

一、运动康复的特点

（一）以增强体质为目标

运动康复是一种通过运动疗法帮助人们快速从伤病中复原的医疗辅助手段。相对于医疗而言，它没有任何副作用；相对于运动而言，它的运动方式较为缓和，几乎能够为所有人所接受。无论是运动员，还是慢性病患者、术后初愈者、功能障碍者等，都可以通过运动康复的方式，达到增强体质的目的。在当今的现实生活中，有大量的运动员、病患、残疾人、功能障碍者、患有一些基础病的老年人、慢性病患者等，都通过坚持进行运动康复的手段使自己的身体机能、健康状况得到明显的修复

第七章　运动员训练后的运动康复

或者改善,这极大地提高了他们的生活质量,为日后的工作提供了有利条件。

(二)以身体活动为内容

运动康复的主要表现形式,就是以有计划、有针对性的体育锻炼对身体机能进行干预,让身体进行有规律的练习为主要内容。运动康复训练有具体的训练计划,有明确的训练目标,以各种身体活动为主要参与内容。具体来说,意外受伤的运动员、残疾者、慢性病患者、功能障碍者参与运动康复活动,通过适当的练习各种体育动作和技能,经历以身体活动为主的运动实践,都会产生改善身体素质和健康状况的良好效果。

(三)运动与学习相结合

在运动康复训练中,无论是运动员,还是病后初愈的体弱者,或者慢性病患者和功能障碍者,他们都需要通过运动和学习相结合的方式进行训练。学习以往不曾了解或者练习的运动动作,在教练和医生的指导下,进行循序渐进地学习和锻炼,为机体的恢复作出努力。

运动康复的内容因人而异,并非人人都做同样的运动。这是因为本身运动康复就是治疗的辅助手段,是根据病患的独特问题而设计的具有很强的针对性的运动练习。不同的身体问题,不同的年龄,身体素质基础以及病症的轻重都意味着不同的运动计划和运动内容。因此,运动康复是一个较为复杂的学科,需要经过专业训练的医生和健康辅导员的指导,才能练习。运动康复不是一套一成不变、适合所有人的运动模式,而是需要在学习和运动中逐渐掌握的一门运动科学实践知识。

(四)在运动场所或康复中心进行

开展体育运动自然需要一个运动场所,运动康复的运动属性决定了它需要在运动场所进行,比如体育场馆、广场、公园等都可以进行。但是对于一些具有特殊需求的人群,需要在专门的康复中心进行康复运动。比如一些严重的术后康复、心脏病康复等,早期必须借助特殊的康复仪器和设备才能进行。对于身体机能损伤并不严重的病患,或者对抗慢性病或者普通的体弱者,可以根据自身的情况,选择合适的场所进行即可。

（五）集体练习

运动康复是一种基于身体康复的全面的康复，涉及生理、心理、智力、社会性等多个方面。因此，在运动组织形式上，与一般的医学治疗的"多对一"相比，更多情况下是"多对多"或"一对多"，即一个医师指导多个康复者同时参加体育运动训练，或多个医师指导多个康复者同时参加体育运动训练，这不仅是基于运动康复的大部分运动康复项目的锻炼都需要同伴配合完成，更重要的是，这种集体练习能增加人际交往，促进康复者的心理和社会性恢复。

（六）全面发展

运动康复是针对身体的特殊需要而进行的一种治疗性运动，它具有很强的针对性和目的性，尽管如此，运动康复仍然需要全面发展。这是因为，人的身体和各项技能是一个整体的系统，尽管是针对局部受伤组织，或者出现功能障碍的身体机能进行锻炼，但是，要想得到恢复，需要全面促进和发展身体的各项机能。一般而言，分步骤锻炼是运动康复的主要形式和重要内容，但运动康复旨在强调和实现康复者的全面发展。

在运动康复过程中，康复内容和形式以体育运动参与为主，但是在运动参与过程中，伴随着心理调节、心态改善、意志培养、社会交往、社会发展等多方面的内容，运动康复的过程，也是康复者完善的人格形成的过程、社会适应能力提高的过程、自我良好社会生活习惯和行为习惯养成的过程。

二、运动康复的原则

运动康复训练原则的基本特点有以下一些。

（一）主观性与客观性原则

运动康复训练原则需要将主观性和客观性辩证的、统一的进行。运动康复是运动员在训练或者比赛中身体受到意外的伤害，希望通过运动康复让身体机能恢复，并能够尽快回到常规的训练和比赛中。因而，运动康复训练原则的主观性体现在制定、解释、理解和运用上，而运动康复训练原则的客观性主要指它反映运动康复训练的规律性认识。

第七章 运动员训练后的运动康复

（二）继承性与发展性原则

运动康复训练原则是一定历史阶段的产物，是在继承其他成熟的学科理论和实践经验的基础上发展起来的，并且随着社会历史的进步还在不断的发展过程中。另外，运动康复训练原则随着时代的发展，科技的进步，以及各个学科的不断推进，也会随之不断更新和补充新理论与技术。并且，人们随着实践的积累，也会赋予运动康复新的时代意义和全新的理解，这些都体现了其发展性的特点。

（三）安全性与有效性原则

运动康复训练的安全性与有效性已被运动康复实践所证明。随着研究的深入，运动康复训练原则在不断朝着系统化、层次化、具体化和可操作化的方向发展，这些都是运动康复的安全性和有效性的有力证明。运动康复的体系在不断地发展完善中，使其安全性和有效性也得到进一步的保证。

（四）整体性和系统性原则

运动康复训练的整体性原则包括两方面的含义。一是指运动康复训练所承担的任务有整体性。运动康复训练不仅对于其疾病的康复方面来看，而且从运动康复训练对于机体的生理健康、心理健康、社会适应能力、道德健康的促进方面来看，应当是完整的、全面的，不能有任何方面的偏废。二是指运动康复训练活动本身具有系统性。运动康复训练是由一系列训练要素构成的一个完整系统，这就要求我们在运动康复训练过程中必须协调好运动康复训练诸要素之间的关系，使各种要素有机地配合起来，在共同达成运动康复训练目标的过程中产生良好的整体作用。

（五）循序渐进与适宜负荷原则

运动康复训练是按照循序渐进的过程进行的，在康复训练中必须从较低强度的运动开始，然后随着运动员身体的逐渐好转，以及对康复训练强调的适应，再逐渐增加练习负荷，从而保证运动员的机体是在适宜负荷的条件下训练。当然这种负荷是严格按照医生的设计而进行的，是根据运动员的身体现状和恢复预期制定的计划，其负荷强度是稍稍高于现有的能力,通过完成训练,达到促进机体恢复和增强运动能力的目的。适宜负荷是指训负荷不能过低或者过高,负荷过小达不到训练的效果,负荷过大又超出运动员的承受能力,同样不能达到训练的效果。因此,必须选用适宜负荷进行训练。

(六)区别对待原则

区别对待原则是强调在运动康复训练中,要切实做到从运动员的实际情况出发,根据不同人的不同情况,采取不同的方法,进行不同的运动康复训练,这样才能让每个运动员都能从自身的特殊情况出发,从现有的基础上得到充分发展。每一位运动员的伤情都不一样,他们的身体基础条件也不同,因此不能搞简单粗暴的一刀切方式,这明显违背了运动康复训练的客观规律,不利于取得理想的运动康复训练疗效,也破坏了康复训练的安全性。总之,运动康复具有较强的复杂性,应谨记区别对待的原则。

(七)反馈调节原则

在运动康复训练过程中,应具有一定的灵活性和机变性。这是因为人体本身是一个高度复杂系统,具有很强的适应性,有的运动员身体机能非常优秀,在运动康复中发展十分顺利,这时候医生和康复训练人员就应该根据反馈信息及时进行调整,调节和控制运动康复训练活动,找到更加适合运动员需要的训练强度和频率,提高运动康复训练的疗效。运动康复训练中贯彻反馈原则的具体要求如下:指导者要善于通过多种渠道,及时获得运动康复训练中的各种反馈信息;指导者对获得的反馈信息要及时评价,并对运动康复训练活动作出恰当调节;培养运动员的自我反馈调节能力,提高其运动康复训练的主动性。

(八)最优化原则

运动康复训练的"最优化原则",是指在运动康复训练过程中,对康复效果起制约作用的各种因素实行综合控制,进行最优化的运动康复训练,取得最优的康复疗效。对于运动康复训练的训练方式、运动强度、运动时间、频率等各因素,必须从动态的、综合的角度加以考察。在现实的运动康复训练过程中,各因素对运动康复效果有着直接或间接的影响,但是这种影响不是孤立地、简单地产生的,而是在诸要素相互联系、相互制约、相互作用下产生的。运动康复的最优化原则,主要是依据运动康复训练的康复疗效取决于运动康复训练过程中诸要素,包括需要康复训练的运动员、指导员、康复目的、运动方式、运动强度、运动时间、频率、运动环境、反馈信息等。运动康复训练最优化的标准是指在一定条件下,既取得最大可能的康复训练疗效,而训练者又只花费最少的必要时间。

第三节 运动康复的适应证与禁忌证

一、运动康复的适应证

运动康复是指通过各种形式的运动疗法对身体的某些部位或者功能进行有针对性的练习,在科学、合理的指导下,将会达到恢复机体功能和调节心理状态的目的。最初,运动康复所针对的群体主要是运动员,即在运动中由于意外或者训练过量带来的运动损伤。在医生和教练的指导下,通过合理的运动康复能够帮助运动员快速地恢复身体机能和运动水平。

随着运动康复被医学广泛地普及推广到普通大众之后,更是发挥出不可替代的作用和价值。比如一些病后体弱、术后功能活动不健全的人群,或者年长体弱且有能力进行锻炼的老年群体,运动康复得到普遍的认可和支持。通过实践证明,运动康复具有较广泛的适应证,在临床中应用较为普遍,而且随着科学技术的发展,运动康复的理论和手段都在不断地得到发展,因此其适用的症状也在逐渐地发展和扩展中。就目前的状态而言,运动康复主要有以下几个方面的适应证分类。

(一)内科疾病

内科疾病大多数和功能性障碍有关,通过选择恰当的运动康复的方法,对促进功能、改善代谢等都有明显作用,对患者的健康情况有积极的促进意义。常见的适应证如高血压、冠心病、支气管哮喘、消化不良、糖尿病、肥胖症等。

（二）外科疾病

外科疾病借助运动康复的方式进行恢复和调理的临床应用最为普遍，因为外科疾病主要是和骨骼、肌肉等与运动组织密切相关的组织疾病，与运动康复的内容具有高度的相关性。常见的运动康复外科适应证包括骨折、腰腿痛、颈椎病、肩周炎、骨关节损伤，还有一些关节扭伤、肌肉损伤等以及一些脏器的术后恢复等。

（三）神经系统疾病

神经系统的疾病也可以借助运动康复的手段得到缓解，比如一些由于压力过大引起的焦虑、失眠等亚健康症状，可以采取运动康复的手段，效果会非常明显。另外，脑血管相关的神经系统疾病大多可以通过运动康复的手段得到改善，如神经衰弱、脑震荡后遗症、神经损伤等。

（四）妇产科疾病

一些妇科常见疾病可以选择恰当的运动康复手段进行症状缓解，比如痛经、子宫后倾、慢性盆腔炎等，通过一段时间的科学锻炼是可以获得显著缓解甚至康复的。产科主要是指产妇生产后需要进行一定的运动康复，以促进身体各项机能的快速恢复，同时要注意和补充营养相结合。对于产后妇女而言，在产褥期获得良好的休息、适当的营养补充以及恰当的运动康复，可以加快身体恢复到生产前的状态，并且对于身材的恢复也有显著帮助。

（五）儿科疾病

一些病患儿童其实非常适合借助运动康复的方式进行调理和身体机能的恢复。儿童天性好动，充满好奇心，因此他们对运动康复有一种积极拥抱的态度，所以效果常常好于成年人。常见的儿科适应证包括小儿麻痹后遗症及其术前准备、术后恢复、儿童脑性瘫等。

（六）其他适应证

除以上一些常见的适应证之外，还有一些特殊的病患也可以初次采用运动康复的方式，比如脏器移植后的功能恢复，机能衰退的防治以及轻型精神病患者等。

二、运动康复的禁忌证

运动康复的本质是借助运动疗法对促进机体恢复和功能改善起到辅助作用。需要明确的是，运动康复不是治疗方法，不能替代治疗，也不能完全成为一种治疗疾病的方法，如果出现下面所述的禁忌证，则应停止采用运动康复的方式进行恢复。

（1）慢性病活动期，如疾病在逐渐恶化的期间，此时机体的机能处于下行趋势，而运动康复需要消耗大量的能量，因此这个时候不适宜做运动康复，而是以治疗和休养为主。比如肺结核病活动期、咯血、心律明显失常、心绞痛发作期、心肌炎或心力衰竭者。

（2）当患者病情较重、身体极度衰弱，或者发高烧、严重的病毒感染期都不应进行运动康复。

（3）创伤创面过大且并未完全处理妥当、骨折未愈合、脱位尚未妥善处理以及活动时有造成神经血管损伤的人员也不应进行运动康复。

第四节　运动康复功能评定

一、运动康复评定的基本概念

运动康复评定是指在临床检查的基础上，对运动伤病患者的功能状况及其运动能力进行客观、定性或定量的评估，并对结果作出合理解释的过程。康复评定强调整体功能状态、日常生活活动状态和社会参与能力的评定，旨在对患者的功能障碍进行具体的剖析，找出关键环节，进行针对性的康复治疗。

二、运动康复评定的目的

主要是明确运动损伤和功能障碍性质、范围、程度；明确患者的康复需求和希望达到的目标；确定康复治疗方案；评定康复治疗效果。

三、运动康复评定时间

（1）初次评定。开始康复治疗前的评定，主要是了解存在的问题、功能状态和可能影响因素，以作为制订康复计划的依据。

（2）中期评定。了解运动功能恢复程度，注意全身情况的恢复和存在的问题，对原有的计划进行调整：每 1~4 周评定 1 次。

（3）终期评定。是恢复运动或参加比赛前的全面评估，了解是否达到预期目标，判断是否能够恢复竞技比赛，提出继续康复治疗的方案和预防再损伤发生的注意事项。

四、运动康复评定方法

（一）运动功能量表

（1）HSS 髋关节评分（表 7-1）。

表 7-1　HSS 髋关节评分表[①]

评分指标	评分依据	评分
疼痛	（1）持续性：不能忍受；经常使用强止痛药物	0
	（2）持续性疼痛，但是能忍受；偶尔使用强止痛药物	2
	（3）休息时有轻微痛或无疼痛；可以进行活动；经常使用水杨酸盐制剂	4
	（4）开始活动时痛，活动后好转，偶尔使用水杨酸盐制剂	6
	（5）偶尔和轻微疼痛	8
	（6）无疼痛	10
走路	（1）卧床	0
	（2）使用轮椅	2
	（3）行走不用支撑，仅限室内活动（明显受限）；只用一侧支撑，步行少于一个街区（明显受限）；使用双侧支撑，短距离行走（明显受限）	4
	（4）不用支撑，步行少于一个街区（中度受限）；只用一侧支撑，步行大于五个街区（中度受限）	6

---

① 牛映雪,鹿国晖.体育保健与运动康复技术[M].北京：化学工业出版社,2016.

第七章 运动员训练后的运动康复

续表

评分指标	评分依据	评分
	（5）行走不用支撑，跛行（轻度受限）；只用一侧支撑，无跛行（轻度受限）	8
	（6）不用支撑，无明显跛行（不受限）	10
功能	（1）完全依赖和受限制	0
	（2）部分依赖	2
	（3）独立；家务劳动不受限制；购物受限制	4
	（4）可以做大多数家务；自由购物；可以做伏案工作	6
	（5）很少受限；可以站立工作	8
	（6）活动正常	10
运动肌力	（1）关节僵硬伴有畸形	0
	（2）关节僵硬，处于良好的功能位	2
	（3）肌力差至可屈曲弧度<60°；侧方和旋转活动受限	4
	（4）肌力可至良，屈曲弧度90°；侧方和旋转活动好	6
	（5）肌力正常，屈曲弧度>90°；侧方和旋转活动好	8
	（6）肌力正常，活动度正常或接近正常	10
髋臼影像	（1）无透亮区	0
	（2）有一个透亮区	2
	（3）有两个透亮区	4
	（4）环绕透亮区<2毫米	6
	（5）环绕透亮区>2毫米	8
	（6）环绕透亮区加大	10
股骨影像	（1）无透亮区	0
	（2）远端有透亮区	2
	（3）近端有透亮区	4
	（4）环绕透亮区<2毫米	6
	（5）环绕透亮区>2毫米	8
	（6）环绕透亮区加大	10

注：优：51～60分。良：41～50分。可：31～40分。差：30分和30分以下。

(2) Lysholm 膝关节功能评分(表7-2)。

表7-2 Lysholm 膝关节功能评分表[①]

评分指标和总分值	评分依据	评分
跛行 (5分)	(1)无	5
	(2)轻微或偶尔	3
	(3)持续严重	0
负重 (5分)	(1)无	5
	(2)需要手杖或拐杖	2
	(3)不能持重	0
绞锁 (15分)	(1)无	15
	(2)有卡的感觉但无绞锁	10
	(3)偶尔绞锁	6
	(4)经常绞锁	2
	(5)检查中关节发生绞锁	0
关节不稳 (25分)	(1)从不打软	25
	(2)体育运动或其他剧烈运动活动中罕有不稳	20
	(3)体育运动或其他剧烈运动活动中时有不稳(或不能参加)	15
	(4)日常生活活动中偶有发生	10
	(5)日常生活活动中经常发生	5
	(6)每步均不稳	0
疼痛 (25分)	(1)无	25
	(2)剧烈活动中有时轻微疼痛	20
	(3)剧烈活动中显著疼痛	15
	(4)走2千米后或以上显著疼痛	10
	(5)走2千米以内或后显著疼痛	5
	(6)持续疼痛	0

---

① 牛映雪,鹿国晖.体育保健与运动康复技术[M].北京:化学工业出版社,2016.

续表

评分指标和总分值	评分依据	评分
肿胀 （10分）	（1）无	10
	（2）剧烈活动发生	6
	（3）日常经常发生	2
	（4）持续	0
爬楼梯 （10分）	（1）没问题	10
	（2）稍有影响	6
	（3）一次一级台阶	2
	（4）不能	0
下蹲 （5分）	（1）没问题	5
	（2）稍有影响	4
	（3）本能超过90°	2
	（4）不能	0

（3）踝与后足功能评分（美国足与踝关节协会），具体见表7-3。

表7-3　AOFAS（美国足与踝关节协会）踝与后足功能评分表[1]

评分指标及总分值	评分依据		评分
疼痛 （40分）	（1）无		40
	（2）轻度，偶尔		30
	（3）中度，每天都有		20
	（4）严重，几乎持续性		0
功能 （50分）	活动受限，需要辅助支撑	（1）无受限，不需要辅助支撑	10
		（2）日常活动不受限，娱乐活动受限，不需要支撑	7
		（3）日常活动和娱乐活动受限，需要手杖支撑	4
		（4）日常活动和娱乐活动严重受限，需要助行器、拐杖、轮椅或支具	0

---

[1]　牛映雪,鹿国晖.体育保健与运动康复技术[M].北京：化学工业出版社,2016.

续表

评分指标及总分值	评分依据		评分
	最大步行距离（街区）	（1）>6个	5
		（2）4~6个	4
		（3）1~3个	2
		（4）<1个	0
	行走地面	（1）任何地面无困难	5
		（2）崎岖不平地面上行走、上台阶（包括爬梯子）有些困难	3
		（3）崎岖不平地面上行走、上台阶（包括爬梯子）非常困难	0
	步态异常	（1）无，轻度	8
		（2）明显	4
		（3）非常明显	0
	矢状面运动（屈曲加背伸）	（1）正常或轻度受限（30°或以上）	8
		（2）中度受限（15°~29°）	4
		（3）严重受限（<15°）	0
	后足运动（内翻加外翻）	（1）正常或轻度受限（正常的75%~100%）	6
		（2）中度受限（正常的25%~74%）	3
		（3）严重受限（正常的25%以下）	0
	踝与后足的稳定性（前后、内外翻）	（1）稳定	8
		（2）明显不稳定	0
对线（10分）	（1）良好，跖屈足，踝-后足对线良好		10
	（2）可，跖屈足，踝-后足对线有一定程度的对线不良，无症状		5
	（3）差，非跖屈足，踝-后足对线严重对线不良，有症状		0

注：100分为满分。

第七章 运动员训练后的运动康复

（4）肩关节评分（美国加州大学 UCLA）（表 7-4）。

表 7-4 美国加州大学肩关节评分表 [1]

	评分指标及依据	评分
疼痛	（1）持续性疼痛并且难以忍受；经常服用强镇痛药物	1
	（2）持续性疼痛可以忍受；偶尔服用强镇痛药物	2
	（3）休息时不痛或轻微痛，轻微活动时出现疼痛，经常服用水杨酸制剂	4
	（4）仅在重体力劳动或激烈运动时出现疼痛，偶尔服用水杨酸制剂	6
	（5）偶尔出现并且很轻微	8
	（6）无疼痛	10
功能	（1）不能使用上肢	1
	（2）仅能轻微活动上肢	2
	（3）能做轻微家务劳动或大部分日常活动	4
	（4）能做大部分家务劳动、购物、开车，能梳头、自己更衣（包括系乳罩）	6
	（5）仅轻微活动受限，能举肩工作	8
	（6）活动正常	10
主动前屈活动	（1）150°以上	5
	（2）120°~150°	4
	（3）90°~120°	3
	（4）45°~90°	2
	（5）30°~45°	1
	（6）<30°	0

---

[1] 牛映雪,鹿国晖.体育保健与运动康复技术[M].北京:化学工业出版社,2016.

续表

评分指标及依据		评分
前屈肌力测定（徒手测量）	（1）5级（正常）	5
	（2）4级（良）	4
	（3）3级（可）	3
	（4）2级（差）	2
	（5）1级（肌肉收缩）	1
	（6）0级（无肌肉收缩）	0
患者满意度	（1）满意,较以前好转	5
	（2）不满意,比以前差	0

（5）HSS肘关节评分（表7-5）。

表7-5 HSS肘关节评分表[①]

评分指标及总分值	评分依据		评分
疼痛（30分）	（1）任何时候无疼痛		30
	（2）屈肘时关节无疼痛		15
	（3）屈肘时关节轻微疼痛		10
	（4）屈肘时关节中度疼痛		5
	（5）屈肘时关节严重疼痛		0
	（6）休息时无疼痛		15
	（7）休息时轻微疼痛		10
	（8）休息时中度疼痛		5
	（9）休息时严重疼痛		0
功能（20分）	A级	（1）能做屈曲肘关节活动30min	8
		（2）能做屈曲肘关节活动15min	6
		（3）能做屈曲肘关节活动5min	4
		（4）不能活动肘关节	0

---

① 牛映雪,鹿国晖.体育保健与运动康复技术[M].北京:化学工业出版社,2016.

续表

评分指标及总分值	评分依据		评分
	B级	(1)肘关节活动不受限制	12
		(2)娱乐活动时受限制	10
		(3)能做家务劳动或职业工作	8
		(4)生活能自理	6
		(5)病残	0
伸屈(矢状面)活动范围(20分)	每7°折合1分		
肌肉力量(10分)	(1)能把5磅重(2.3kg)的物体举到90°		10
	(2)能把2磅重(0.9kg)的物体举到90°		8
	(3)不负重做对抗重力的屈肘运动		5
	(4)不能做屈肘运动		0
屈曲挛缩(6分)	(1)<15°		6
	(2)15°~45°		4
	(3)45~90°		2
	(4)>90°		0
伸直李缩(6分)	(1)135°的15°以内		6
	(2)<125°		4
	(3)<100°		2
	(4)<80°		0
旋前(4分)	(1)>90°		4
	(2)30°~60°		3
	(3)15°~30°		2
	(4)<0°		0
旋后(4分)	(1)>60°		4
	(2)45°~60°		3
	(3)15°~45°		2
	(4)<0°		0

（6）Mayo 腕关节评分（表 7-6）。

表 7-6　Mayo 腕关节评分表[①]

评分指标	评分依据	评分
疼痛	（1）无	25
	（2）轻度，偶尔	20
	（3）中度，可以忍受	15
	（4）严重，不能忍受	0
功能状况	（1）恢复到平时工作状况	25
	（2）工作上受到限制	20
	（3）能够坚持工作但未被聘用	15
	（4）由于疼痛而无法工作	0
握力（与正常一侧比）	（1）100%	25
	（2）75%～99%	20
	（3）50%～74%	15
	（4）25%～49%	10
	（5）0%～24%	0

（二）关节活动范围的评定

关节活动范围的评定见表 7-7。

表 7-7　关节活动度正常值[②]

关节及其运动状态		正常值
上肢	肩　屈、伸	屈 0°～180°，伸 0°～5°
	肩　外展	0°～180°
	肩　内、外旋	各 0°～90°
	肘　屈、伸	0°～150°
	桡尺　旋前、旋后	各 0°～90°

---

① 牛映雪，鹿国晖．体育保健与运动康复技术［M］．北京：化学工业出版社，2016．
② 同上。

续表

	腕	屈、伸	屈 0°～90° 伸 0°～70°
		尺,桡侧偏移(尺、桡侧外展)	桡偏 0°～25°, 尺偏 0°～55°
	掌指	伸 0°～20°,屈 0°～90°（拇指 0°～30°）	
	指间	近指间为 0°～100°,远指间为 0°～80°	
	拇指腕学	0°～60°	
下肢	髋	屈	0°～125°
		伸	0°～15°
		内收、外展	各 0°～45°
		内旋、外旋	各 0°～45°
	膝	屈、伸	屈 0°～150° 伸 0°
	踝	背屈、跖屈	背屈 0°～20°, 跖屈 0°～45°
		内翻、外翻	内翻 0°～35°, 外翻 0°～25°
脊柱	颈部	前屈	0°～60°
		后伸	0°～50°
		左、右旋	0°～70°
		左、右侧屈	0°～50°
	胸腰部	前屈	0°～45°
		后伸	0°～30°
		左、右旋	0°～70°
		左、右侧屈	0°～50°

第八章 运动康复技术及其实践指导

运动康复是伴随竞技运动的一项必要内容。本章，我们将从常用的运动康复手段、常见运动康复技术及应用、运动员运动疲劳的恢复以及运动员运动伤病的处理几个方面进行分析，以期对从事竞技研究以及进行竞技运动的体育专业人士提供一些助益。

第一节 常用的运动康复手段

常用的运动康复手段有很多，按类别分主要有医疗体操、医疗运动、中国传统治疗手段等。

一、医疗体操

（一）医疗体操的概念

医疗体操是以运动体操为基础设计的一套专门用于运动康复的医疗性体操。根据运动员或者患者的伤病情况，以及想要预防、治疗及康复等不同目的而专门编排的体操运动及功能练习。医疗对运动损伤、术后恢复等都有良好的效果，尤其是帮助运动器官的功能恢复具有明显疗效。此外，医疗体操也可用于某些内科疾病的防治。

（二）医疗体操的特点

医疗体操作为运动康复的主要手段之一，具有许多优势和特点。无论是功能性还是操作性方面，都具有很强的实用价值。

1. 针对性强

医疗体操充分地体现了区别对待和因人而异的特点。医疗体操可以根据伤病的具体情况而编排具有针对性的体操动作及功能练习，故可根据各种伤病的性质、伤情的程度、康复目标、患者的身体基础条件以及可接受的程度等情况选择相应的运动内容。医疗体操既有作用于全身的体操动作，也有仅作用于局部关节、肌肉的练习动作。准备姿势、活动部位、运动幅度、运动速度、动作的复杂性及肌肉收缩程度等，都可以根据需要来选择，能针对伤病个别不同对待。

2. 可控性高

由于的医疗体操的动作幅度和难度具有较大的广度，因此可以根据伤病的情况，对运动量、动作幅度、运动时间、重复次数等进行高度的控制，从而掌控适宜的运动内容和运动量，对康复目标和康复效果具有较高的掌控感。并且，随着康复运动的进行，还可以根据每个人的恢复情况和接受能力随时进行调整，由此可以控制运动量、运动内容、动作幅度等始终处于最合适的状态，从而为科学的运动康复创造条件。

3. 目的性强

医疗体操可以充分尊重伤者的具体情况以及个人的康复意愿进行康复训练，并编排相应的医疗体操内容。比如，有的伤者是腿部受伤，在恢复腿部相关功能的同时，还希望能够保持其上肢的力量素质，那么通过专门的设计，医疗体操可以同时满足伤者的康复目标。即为上肢设计一套保持力量素质训练内容，为下肢设计一套恢复基本运动功能的训练内容，两部分训练可以同时进行。并且，随着训练的进行以及伤者的身体恢复情况可以做及时的调整。

4. 艺术性高

受伤后不仅仅影响了伤者的身体状况，同时对他们的情绪和心理也造成一定的创伤。而医疗体操的艺术性特征还可以帮助舒缓负面情绪，缓解伤者的心理创伤。医疗体操保留了体操的艺术性和优美性，在训练的时候往往会伴有相应的背景音乐，这些都对提高伤者的情绪有积极作用，对促进训练效果也有明显的促进。

（三）医疗体操的分类

医疗体操根据运动方式及训练目标的不同可分为下列几种。

1. 被动运动

被动运动是指依靠外力协助才能完成的一种运动形式。训练时伤者保持肌肉放松，并固定好近端关节，由协助者帮助伤者进行远端肢体的轻缓活动，活动的幅度和力度需要根据伤者的具体情况而定。被动运动是依靠帮助者完成的运动，一般以保证伤者没有疼痛为前提。且帮助者要随时与伤者进行沟通，确保其运动内容和程度是合适的、恰当的。运动中应采取循序渐进的方式逐渐加大运动幅度和力度，避免冲击性过强的方式进行活动。它适用于治疗因多种原因引起的肢体运动功能障碍，起到解除肌肉痉挛，牵伸挛缩的肌肉和韧带，恢复或维持关节活动幅度的作用。

2. 助力运动

助力运动是指当伤者的患肢没有足够的力量完成主动运动时，需要借助医务人员、辅助者或者相应的器械提供一定的力量支持而进行的运动。进行助力运动时，应以伤者的主动用力为主、助力为辅进行配合运动。伤者主观意识上应该全力进行，但是当自身力量达不到训练要求时需要借助助力配合完成。需要特别指出的是，在训练中一定要避免以助力代替主动用力，那样则失去了训练的作用。另外，助力运动不仅适用于肌肉力量的恢复和训练，同时可用于关节活动幅度存在障碍时，用助力帮助加大关节活动幅度。

3. 主动运动

主动运动是指由伤者主动进行单关节或多关节、单方向或不同方向的运动，运动速度和动作幅度由运动者自主掌控，并可根据需要和身体的恢复及发展情况随时进行调整。主动运动又分等张收缩和等长收缩两种类型。等张收缩,即日常体育活动中引起关节活动的肌肉收缩运动,又称动力性运动;等长收缩,即静止性肌肉收缩,并无关节活动,又称静力性运动,它能有效地增长肌力但不会扩大肌肉的体积,特别适用于被固定的肢体进行肌肉力量训练。无论哪种形式的主动运动,都必须注意掌握正确的姿势和适宜的活动范围。

4. 抗阻运动

抗阻运动是指肢体在主动运动中克服外部阻力并完成动作的训练过程,抗阻运动常常用于发展肌力。根据抗阻运动中阻力的来源,可分为他人协助、自身重力以及器械的阻力几种情况。最常见的抗阻运动一般都采用哑铃、沙袋、实心球、弹簧和弹力带等工具辅助进行。阻力的大小根据伤者的身体条件以及恢复目标而定,阻力的选择应该循序渐进、由小至大,过大或者过小都不利于伤者的恢复。抗阻运动被广泛用于各种肌肉萎缩状况。

5. 平衡运动

平衡运动是用于帮助恢复身体平衡能力的一种运动形式。锻炼时随着平衡能力的适应和提高而逐渐缩小身体的支持面,并且使身体的重心逐渐由低到高。当伤者的平衡能力逐渐增强,可以关闭视觉监督进行练习,即闭上眼睛且不借助任何维持平衡的辅助力量进行练习。平衡运动主要与前庭器官相关,加强它的稳定性可以改善身体的平衡能力。在临床应用上,平衡运动的康复训练常用于神经系统或前庭器官病变而引起的平衡功能失调。

6. 呼吸运动

呼吸运动是改善呼吸功能,促进血液循环,减轻心脏负担的一种运动。比较常见的呼吸运动有一般呼吸运动、局部呼吸运动和专门呼吸运动三种。一般呼吸运动较为简单,可以是单纯的练习呼吸,也可以配合肢体躯干运动进行呼吸练习。局部呼吸是指作用于某一侧或某一部分肺叶的呼吸练习,需要在医生或专业人士的指导下进行。例如,胸式呼吸主要作用于肺尖和肺上叶;膈式呼吸主要作用于肺底部和肺下叶;配合侧弯的呼吸重点作用于一侧的肺叶。专门呼吸运动有延长呼气和吸气的呼吸练习,在呼气时可配合发音或用手压迫胸廓来增加排气量。局部呼吸和专门呼吸练习主要用于慢性支气管炎、肺气肿、支气管哮喘和胸膜炎等呼吸系统疾病和胸腔手术后病人。

二、医疗运动

(一)医疗运动的概念

医疗运动是指将一般体育手段用于疾病的预防、治疗及康复的运动形式。

(二)医疗运动的特点

医疗运动最为常用的手段是以有氧训练为主的耐力性项目,运动量比医疗体操的运动量稍大,对增强伤者的体质和功能恢复较快。医疗运动对于发展心肺功能具有较好的效果,适合对于一些伤情并不严重的运动员,或者是恢复后期的运动员进行训练。

(三)医疗运动的分类

1. 慢跑、骑车等周期性运动

这一类运动可以达到最大摄氧量的50%~60%,在运动过程中体内的物质代谢主要以有氧的形式进行。并且,这一类运动比较容易控制运动强度和运动量,可以随时调节运动速度、距离、时间、坡度等,因此不会让伤者过度训练或者超过可接受的运动负荷。但是在锻炼过程中,要做到使吸氧达到最大摄氧量的40%~70%,这样才可以很好地发展伤者的心肺功能和新陈代谢能力。

2. 游泳和划船

这一类运动主要是针对上半身的肌肉训练,包括上肢、胸肌和肩胛带的肌群,运动时下肢肌肉部分参与活动,这一类运动对于发展和加强四肢肌肉力量并改善关节的运动功能有一定的积极作用。同时,对改善呼吸系统也具有良好的效果,对于神经衰弱和慢性支气管炎的恢复期患者也有显著疗效。

3.球类运动

医疗运动范畴内的球类运动是一种动员全身肌群参与运动的综合性运动方式。比较常用的有羽毛球、乒乓球、高尔夫球、保龄球,以及篮、排球中一些较为简单的动作,比如投篮、传接球等。球类运动还有助于活跃情绪,对神经、心血管和呼吸系统的改善也具有较好的效果,球类运动适合于体力恢复到一定水平的伤者进行训练。

三、中国传统运动康复手段

(一)太极拳

太极拳是我国流传最为广泛的传统健身手段,在治疗和保健方面具有以下几个特点。

(1)动作柔和、稳定、缓慢,适用于康复初期且全身性运动的伤者进行练习。

(2)对帮助恢复和发展伤者的协调性和平衡性有明显作用。

(3)动作涉及全身主要关节和肌群,运动量可大可小,对于全身性的肌肉和关节的恢复具有较高的使用价值。

(二)五禽戏

五禽戏是后汉名医华佗参照包括虎、鹿、熊、猿、鸟五种禽兽的动作编成的一套导引术。五禽戏运动量较太极拳大,常用于外伤关节功能障碍、慢性关节疾病、慢性腰痛等。练习时可针对具体的康复部位进行灵活的动作选择。例如,发展腰、髋关节可练习虎戏;发展灵敏可练习猿戏;发展平衡能力选用鸟戏;训练步行能力练习鹿戏;增强肌力则练熊戏。总之,五禽戏是一种较为放松的辅助式训练手段,作为对医疗体操和医疗运动的一种补充康复手段具有良好的效果。

五禽戏流传至今已演化成很多派别,可酌情选用。

(三)八段锦

八段锦是我国民间流传的一套健身防病导引法。动作简单容易习练,因此广泛流传至今。八段锦只有八个动作组成,而且还有一套帮助记忆的口诀,因此在民间具有较高的流传度。它的口诀是"两手托天理三焦,左右开弓似射雕,调理脾胃单举手,五劳七伤向后瞧,摇头摆臂去心火,两手攀足固肾腰,攒拳怒目增气力,背后七颠诸病消"。和太极拳、五禽戏一样,八段锦也是一种较好的辅助康复训练手段,因为具有一些民族文化的基因,在训练时还可以起到一定的调节情绪、放松心情的作用。八段锦比较适用于发展肌肉力量及维持腰背功能的作用。

第二节　常见运动康复技术及应用

一、关节松动术的技术及应用

（一）关节松动术的概念

关节松动术是指通过徒手的被动运动,利用较大振幅和较低速度的手法改善关节运动障碍的一种治疗方法。关节松动术一般分为关节的生理运动和关节的附属运动两种治疗手段。

（二）关节松动术的分类

在学习关节松动术之前,需要了解几个重要的相关概念如下。

1. 摆动

一般的讲,骨像杠杆样的运动称为摆动。关节的摆动包括屈曲、伸展、内收、外展和旋转等,这一类的运动通常被称为生理运动。摆动时以固定关节近端,使关节的远端做往返运动。进行摆动的前提是必须在关节活动范围达到正常的60%时才可应用。例如,肩关节前屈的摆动手法,至少要在肩前屈达到100°时才能应用摆动。

2. 滚动

当一块骨在另一块骨表面发生滚动时,两块骨的表面形状必然不一致,所发生的运动称为成角运动。在进行滚动时,不论关节表面凹凸程度如何,滚动的方向总是朝向成角骨运动的方向。当关节的功能正常时,滚动一般都伴随着关节的滑动和旋转。

3. 滑动

当一块骨在另一块骨上滑动时,如为单纯滑动,两骨表面形状必须一致,或是平面,或是曲面。如果是曲面,两骨表面的凹凸程度必须相等。滑动时,一侧骨表面的同一个点接触对侧骨表面的不同点。滑动方向取决于运动骨关节面的凹凸形状。

凹凸法则:运动骨关节面凸出,滑动方向与成角骨运动方向相反;运动骨关节面凹陷,滑动方向与成角骨的运动方向相同。

滑动与滚动的关系:滑动和滚动的主要因素是两关节表面的形状,当表面形状越接近,运动时两块骨的滑动就越多;当他们的表面形状越不一致,更多情况下会发生滚动。在临床中,因为滑动可以缓解疼痛,合并牵拉可以松解关节囊,起到帮助放松关节的作用,进而可改善关节的活动范围。由于滚动的手法以挤压关节为主,这反而不利于关节的松动,因此较少使用。

4. 旋转

移动骨在静止骨表面绕旋转轴转动,旋转常与滑动和滚动同时发生,较少单独作用。不同的关节其旋转轴的位置不同。

髋关节的旋转是股骨头绕着经过股骨头中心,并垂直于髋臼的旋转轴转动。前臂联合关节的旋转与生理运动中的旋转相同,都是桡骨围绕尺骨转动。

5. 牵引

当外力作用使构成关节两骨表面呈直角相互分开时,称分离或关节内牵引;当外力作用于骨长轴使关节远端移位时,称牵拉或长轴牵引。分离和牵拉的区别是:分离时外力要与关节面垂直,同时两骨关节面必须分开;牵拉时外力必须与骨的长轴平行,关节面可以不分开。

(三)关节松动术的应用

1. 肩关节

(1)盂肱关节

①向后滑动:接受康复治疗的运动员仰卧,双臂平放于体侧,在身

体下方垫一只枕头以使肩关节位于中立位。治疗师双手拇指固定在肱骨头正前方,其余手指包握肩周,两手拇指并拢着力,双肘伸直,躯干重心前后稍移动以传递力至拇指,作用力指向地面,平行于肩关节盂平面,推动肱骨头向后滑动。

②向前滑动:接受康复治疗的运动员仰卧,肩关节靠近床边,双臂自然平放。治疗师双手拇指固定在肱骨头后方为着力点,其余手指包握在肩周,治疗师保持肩外展、肘屈曲,利用肩内收肘下压发力,带动拇指向上移动。作用力指向天花板,平行于肩关节盂平面,推动肱骨头向前滑动。

③长轴牵引:接受康复治疗的运动员仰卧,双臂自然平放,肘关节屈曲。治疗师一手握住该运动员的腕关节,另一手握住其肘关节远端。作用力沿着肱骨长轴方向平行于肩关节盂平面,推动肱骨头向远端滑动。

④分离:接受康复治疗的运动员仰卧,双臂自然平放。治疗师一手从腋下握住该运动员上臂近端内侧,另一手固定在其肘关节外侧。作用力垂直于肩关节盂平面向外,推动肱骨头向外分离。分离的作用是增加盂肱关节间隙。

(2)肩胛胸壁关节

接受康复治疗的运动员侧卧,屈膝屈髋保持躯干稳定,治疗侧在上,双臂放松自然置于体前侧。治疗师面对该运动员站立,一手固定在肩胛冈上,另一手从该运动员的腋下绕过,以虎口固定住肩胛下角。双手同时用力松动肩胛骨,分别向头端、足端内侧、外侧以及旋转分离等方向的活动,体会活动范围和运动终末感。

2.肘关节

(1)肱尺关节

①向远端滑动:接受康复治疗的运动员俯卧,肩外展90°,接受治疗一侧的肘关节屈曲自然下垂于床沿边,治疗师近端手置于运动员肘前下方起支撑受力作用,远端手掌置于其尺骨鹰嘴后方,手掌根部着力,向正下方推动尺骨向远端滑动,可以能改善肘关节屈曲的活动。

②尺骨牵引:接受康复治疗的运动员仰卧,治疗师与其相对站立,一手以大鱼际压住肱骨外上以固定肱骨,另一手抓握其尺骨近端,两手向相反方向用力,沿长轴方向拉动尺骨向远端活动。在肘关节屈曲终末

第八章　运动康复技术及其实践指导

位牵引可以改善肘关节屈曲,相反在肘关节伸展终末位牵引,用于改善肘关节的伸展功能。

（2）近端桡尺关节

①桡骨牵引：接受康复治疗的运动员仰卧,双臂稍微外展,治疗师与其相对站在其肩外展角之间,近端手握持肘关节内侧以固定肱骨和尺骨,远端手抓握患者桡骨远端,慢慢地沿长轴方向拉动桡骨向远端活动。

②桡骨向后滑动：接受治疗的运动员仰卧,双臂自然置于体侧,肘关节保持伸直,治疗师与其相对站立,近端手置于运动员肘内下方起支撑固定作用,远端手掌置于运动员桡骨小头前方,手掌根部着力,向正下方推动桡骨向后方滑动。近端桡尺关节向后滑动的关节松动术能改善前臂旋前的活动。

二、肌肉力量康复技术及应用

（一）肌肉力量康复训练概述

肌力康复训练是指在康复过程中,以主动或被动运动的方式帮助肌肉进行不同形式的收缩运动,恢复或增强肌肉力量的训练。

1. 运动的主要方式

一般而言,按照力量来源可将人体的运动分为主动运动和被动运动两种。其中,主动运动是人体通过主动收缩肌肉来完成的运动。根据其主动用力的程度,可将其分为辅助主动运动、主动运动与抗阻运动等。被动运动则是人体运动完全通过外力作用来进行。

2. 肌肉收缩的形式

一般根据肌肉收缩时肌肉的长度以及张力的变化,将肌肉收缩分为以下三种形式。

（1）等张收缩。在肌肉的收缩过程中肌张力基本不变,但肌肉长度发生变化,从而引起关节的运动。等张收缩又可分为向心性收缩和离心性收缩两种。

（2）等长收缩。即肌肉长度不变,而肌张力明显增加,关节不产生运动,这是一种静力收缩。

（3）等速收缩。是指在全关节运动范围内,肌肉收缩的速度保持恒定不变的运动方式。

在肌力康复训练中,经常利用肌肉的这三种收缩方式,针对治疗目的的不同选择不同的肌肉收缩形式进行训练。例如,对于骨关节受损的患者,在早期的康复治疗中一般采用等长收缩训练,治疗的主要目的是维持或恢复肌力。等张收缩适用范围较广,可在全关节活动范围内进行。等速运动肌力训练则是高效锻炼肌力的方法。

（二）肌力康复训练的操作方法

1. 开链运动

开链运动是指肢体远端不固定且不承受身体重量所进行的运动,原动肌和协同肌兴奋,但拮抗肌不同时收缩。

开链运动最为常见的是肩关节侧卧外旋训练。该方法主要锻炼冈下肌和小圆肌。要求侧卧,腋窝下放一个卷起的毛巾或枕头,肘关节屈90°置于腹侧。慢慢地外旋肩关节,直到前臂与地面垂直位。慢慢地回到起始位,重复数次。

2. 闭链运动

闭链运动是指肢体远端固定并承受身体重量所进行的运动,原动肌协同肌和拮抗肌同时兴奋。

最为大家熟知的闭链运动是静蹲。它主要锻炼股四头肌和臀大肌。训练时运动员选择背对墙面,双脚开立并与肩同宽。缓慢屈髋屈膝下蹲臀部向后坐,至大腿与地面平行。双腿下蹲时,脚尖与膝盖保持同一方向,且膝盖不要超过脚尖,躯干保持直立,腰部收紧。膝关节屈曲至大腿平行时,保持至力竭休息 30 秒再继续下一组,根据训练者的身体情况选择练习的组数。

3. 脊柱康复训练

脊柱康复训练最为常见的方法是侧桥,该方法主要对肩关节周围肌群、竖脊肌、阔筋膜张肌、臀中肌这些肌肉进行锻炼。训练时运动员用前臂和脚做侧面支撑,让身体离开地面,保持躯体伸直直至力竭。根据训练者的身体情况选择训练的组数。

（三）肌力训练的临床应用

1. 等张训练

（1）选择适宜重量的哑铃、沙袋等，做规律的上举动作。
（2）运用滑轮及绳索等工具将重物提起。
（3）用规律的力量反复拉伸弹力带等弹性物。
（4）借助自身体重进行负自重的俯卧撑、深蹲、卷腹等练习。

2. 等长练习

（1）基本方法

使肌肉对抗阻力进行无关节运动仅维持其固定姿势收缩的训练，尽管这种训练方法不能使肌肉缩短，但是能够起到增加内部张力的作用。

（2）"tens"法则

训练中，每次等长收缩持续10秒，休息10秒，重复10次为一组训练，每次训练做10组。

3. 等速练习

等速练习需要通过专用仪器进行，在预先设定和控制运动速度的条件下进行训练，能够使肌肉自始至终在适宜的速度下进行训练。通过等速训练，能够有效提高肌力、治疗和预防肌肉萎缩及保持关节的稳定性。

第三节　运动员运动疲劳的恢复

一、运动疲劳概述

（一）运动疲劳的概念与分类

1. 运动疲劳的概念

在现代竞技运动水平不断刷新纪录的背景下，运动员的训练负荷也在随之增大，运动性疲劳的现象也越发普遍。当运动时间持续一定的长度之后，人体运动能力往往会呈现出下降趋势，产生疲劳。

需要补充的是，运动性力竭是运动性疲劳的独特形式之一，是疲劳发展的最终阶段。运动性疲劳是机体运动时间达到一定长度后，无法继续保持原强度的工作，而运动性力竭是彻底不能运动。

2. 运动疲劳的分类

（1）肌肉疲劳

在运动中肌肉的收缩时间和松弛时间如果延长，就会产生疲劳，并使肌肉随意收缩的能力下降。表现出来的体征状态是肌肉僵硬、肿胀、疼痛等。

（2）内脏疲劳

内脏疲劳主要是与运动相关内脏的疲劳，包括心脏疲劳和呼吸系统疲劳。当心脏出现疲劳时，心率异常、脉压减少和心电图谱发生改变。当呼吸系统出现疲劳时，表现为呼吸急促、胸闷气短等。

（3）神经疲劳

神经疲劳主要表现为大脑皮层机能低下，兴奋抑制过程平衡失调。具体的外在表现为思维反应迟缓、对事物的辨析能力降低、记忆力减退、注意力不集中、烦躁易怒、失眠多梦等。

（二）运动疲劳的表现

通常情况下，运动性疲劳会被划分成轻度疲劳、中度疲劳以及重度疲劳，他们的特征分别如下。

1. 轻度疲劳

轻度疲劳是运动结束后出现的一种正常现象，主要体现在呼吸变浅、心跳加快等，而且只要稍作休息就可缓解这些症状，一般轻度疲劳的恢复时间较短。

2. 中度疲劳

中度疲劳从自我感觉上体现为全身疲倦、嗜睡、感觉无力等；精神上表现为难以集中注意力、心情烦躁、情绪低沉、易出差错等；只要及时休息，并采取积极的恢复措施可以快速消除中度疲劳，不会对身体产生不良影响。

3. 重度疲劳

重度疲劳的表现为神经反应缓慢、难以兴奋、情绪烦躁、出现抵触心理等。机体方面的具体表现有肌肉力量降低、收缩速度缓慢、肌肉产生僵硬、肿胀以及疼痛的感受,动作速度和协调程度都大大降低。若机体出现重度疲劳的症状,会对身体健康、训练和生活产生很大的影响,需要采取相应的手段进行积极恢复。

(三)运动疲劳的诊断

1. 观察法

观察法一般是指教练通过观察运动者在运动中的外在表现进行初步判断,比如脸色苍白、反应迟缓、情绪低落或者情绪烦躁等,另外如运动技术的明显错误率提升,难以提高速度等。

2. 感觉法

感觉法主要是指运动员自身通过敏锐的自我感觉察觉疲劳的出现,比如当自我感觉疲乏、心悸、头疼、恶心、四肢无力等,则基本可以判断为运动疲劳。

3. 生理指标测定法

(1)体重:由于运动员在长时间的运动后,比如大量的分泌汗液、消耗能量,从而造成体重下降,因此体重是检测疲劳的重要指标之一。

(2)肌力:通过测定握力、背力和腿力,一般是在运动前后测定,以及次日清晨再次测量,并观察其差数和恢复情况,如次日晨已恢复可判定为正常的肌肉疲劳。

(3)肌张力:肌肉疲劳时,随意放松的能力降低,肌肉放松时张力增加,肌张力振幅减小。

(4)呼吸肌耐力测定:让受试者连续测 5 次肺活量,每次间隔 15 秒,如果肺活量逐渐下降,说明运动疲劳出现。

(5)脉搏:可测定晨脉、运动前、运动后和恢复期的脉搏,来判断疲劳情况。脉搏频率增加的程度与疲劳程度成正比。

（6）血压：可测定晨起血压、运动前、运动后和恢复期的血压。如果晨起血压值较平时高 10% 以上，运动负荷期间收缩压上升过多或上升不明显，舒张压上升，或血压恢复时间延长等，说明机体疲劳。

二、运动疲劳的发生

（一）物质能源的角度

1. 能源衰竭学说

最早的对运动疲劳的解释是认为机体由于大量消耗能源物质且得不到补充，于是出现疲劳。实验证实，能源物质大量消耗是引起运动性疲劳的直接原因。

2. 突变学说

爱德华兹于 1983 年提出了肌肉疲劳的突变理论。该理论主要从肌肉力量、能量代谢、兴奋性或活动性等方面对运动疲劳产生的原因进行综合分析。简单地说，运动疲劳时机体能量消耗，但兴奋性不一定丧失，而能量消耗和兴奋性丧失的衰变存在一个急骤下降的突变峰。

（二）心理角度

运动疲劳不仅仅是生理方面的疲劳，同时也伴随着心理的疲劳，具体来说，引起运动性心理疲劳的因素包括以下几点：运动员感到四肢乏力、注意力不集中、心烦气躁、内心恐惧、没有自信，或者表现为情绪不稳定、易怒等。

三、运动疲劳的预防

（一）合理安排运动训练

对抗运动性疲劳最重要的一点是预防性措施，比如通过科学训练，有效地控制训练时长、训练强度、训练负荷、休息时间及营养的补充等因素，可很好地控制疲劳的产生。运动疲劳的掌握除了需教练具有过硬的训练能力和丰富的训练经验之外，更重要的是借助科学仪器的检测，通过定时检测运动员的各项重要生理指标可以很好地预防运动疲劳的产生。

(二)加强自我监测

运动员的自我检测也是感知运动疲劳的第一条防线,因此,应该对运动员进行相关的培训和教导,在机体或者心理产生疲劳征兆时能够敏锐地进行辨别和判断,做选择合理的调试、休息来缓解运动疲劳。

1. 生理指标

运动员应养成在训练期间每天晨起、运动前、运动后进行各项生理指标的检测,进而对自身的生理指标了然于心,一旦生理指标出现高于或低于日常数值的时候,能够敏锐的有所察觉并及时和教练进行沟通,和教练共同判断是否出现运动疲劳现象,进而对训练负荷、训练时间等进行及时的调整。

2. 心理指标

运动员还应具有一定的心理觉察能力,凭借主观感觉判断自身是否存在运动性疲劳,比如心烦气躁、无法集中注意力、易怒或者情绪低落等,如果出现以上现象可以结合生理检测指标进行综合分析,判断是否是运动疲劳现象。有时运动员出现心理疲劳时还会出现消极训练,不进入运动场等想法。

(三)良好的生活环境和训练环境

运动训练是具备系统性特征的过程,训练自身因素和训练环境都发挥着不可替代的作用。在运动训练过程中,建议教练员优先选择场地条件、温度和湿度都比较适宜的环境条件,同时规律性饮食、良好睡眠质量、合理营养补充也是必不可少的,要确保生理负担在运动员可承受范围内,有效避免运动性疲劳产生,促使训练质量获得大幅度提升。

(四)功能训练

功能训练起源于运动康复。而凭借功能训练可以在一定程度上预防机体出现运动性疲劳。一般来说,将人体稳定肌群的肌肉称之为核心力量。尽管不同的项目对核心肌群的使用程度存在差异,参与肌群也会随之出现或多或少的差异,但是强大的肌群可以很好地起到协调身体用力和稳定运动水平的作用,因此,教练不仅要强化运动员的专项肌群,同时也要确保其全身所有大肌群系统的协调统一,由此使神经肌肉的效率得到大幅度提升,从而达到降低运动疲劳的产生以及缩短运动性疲劳恢复时间的目的。

四、运动疲劳的消除

(一)运动后休息

1. 积极性休息

(1)变换活动部位和调整运动强度

积极性休息是指通过参与运动来加快血液循环速度、增加机体内部的氧气,与营养物质一样是提高疲劳恢复水平的一项有效途径。有实验证实,人体运动后采用静止性休息方式的话,血乳酸恢复至运动前水平大约需要 1~2 小时;而若采取积极性休息方式,血乳酸恢复至运动前水平大约需要 0.5~1 小时。

(2)整理活动

整理活动是指运动后完成的部分加快机体功能恢复速度的身体练习,比较常见的是慢跑、肌肉韧带拉伸练习等。通过整理活动可以最大限度地减少肌肉的延迟性酸痛,改善机体的血液循环状况,加快代谢物排出体外,促使机体的运动性疲劳尽早消除。

2. 睡眠

睡眠是最好的静止性休息方式,通过和积极性休息相结合,可以达到最佳的休息效果。当人体处于睡眠状态时,会或多或少地加深大脑抑制过程,有效加快合成代谢的整体速度,最终达到消除运动性疲劳、全面恢复机体体力与精力的双重目标。

(二)合理的营养

训练期间对营养的及时补充是运动员训练的重要环节,将直接影响着训练效果。一般而言,运动员的营养补充要严格按照营养师制定的饮食计划进行,并且在要求的时间内补充一定比例的蛋白质、脂肪、糖、维生素以及水分等。不同的项目补充的方式和营养配比差异较大,整体而言,无论哪种运动项目都需要补充大量的优质蛋白质,而控制糖类和脂肪的摄入。在运动中,还要及时补充水分和运动型饮料来补充身体由于大量排汗而导致电解液的流失。

(三)中医药手段

当运动性质存在差异时,机体出现运动性疲劳的具体症候也会随之出现变化。教练及其相关人员应当参照中医理论对运动性疲劳分型,具体就是形体疲劳、神志疲劳、脏腑疲劳以及比较多见的运动性疲劳症候。只有达到对症选药、对症组方的双重要求,方可充分消除运动性疲劳,推进恢复进程,使运动员的运动能力得到质的飞跃。就现阶段来说,运动员运动性疲劳恢复的主要着手点分别是健脾益气、补肾壮阳或补益气血。需要补充的是,中药能够有效对抗自由基,使用广泛的抗氧化剂中药分别是人参、当归、五味子等。

(四)心理学手段

在高强度的训练和比赛后,需要对运动员进行一定的心理调整以帮助他们缓解精神紧张,尽快使身心得到充分的恢复。心理放松手段无论是音乐疗法或者是各种文娱活动,均有助于运动员放松紧张的情绪,从绷紧的训练或者比赛状态中轻松清空归零,以全新的状态迎接下一个阶段的训练和比赛。

第四节 运动员运动伤病的处理

一、运动伤病的处理原则

(一)闭合性软组织损伤

闭合性软组织损伤一般可分为早、中、晚三期。

1. 早期

指伤后 24~48 小时内。这一期间的病理特征主要表现为组织撕裂或断裂后出现血肿或水肿,且伴有反应性炎症。比如临床上表现为损伤局部的红、肿、热、痛和功能障碍。对于早期创伤的处理原则为制动、止血、镇痛、防肿及减轻炎症。

2. 中期

指受伤 24～48 小时以后。该时期病理的主要特点是肉芽组织已经形成，凝块正在被吸收，坏死组织逐渐被清除，组织正在修复。临床上，急性炎症已逐渐消退，但仍有淤血和肿胀。对于中期创伤的处理原则是改善局部的血液循环和淋巴循环，促进组织的新陈代谢，加速淤血和渗出液的吸收及坏死组织的清除，促进再生修复，防止粘连形成。

3. 晚期

指损伤组织已基本修复，但可能有瘢痕和粘连形成。临床上，肿胀和压痛已经消失，但功能尚未完全恢复，锻炼时仍感到微痛、酸胀和无力，个别严重者出现伤部僵硬或运动功能受限等。因此，这一时期的处理原则为恢复和增强肌肉、关节的功能。同时设法软化瘢痕和分离粘连，以促进功能的恢复。

（二）开放性损伤

开放性损伤的处理原则主要是根据受伤的情况进行伤口的清洗、灭菌、止血、包扎，必要时进行手术缝合。

二、常见运动伤病的处理方法

（一）闭合性软组织损伤

1. 挫伤

挫伤是钝性暴力直接作用于人体某部而引起的急性闭合性损伤。例如，足球、篮球运动员相互碰撞或摔伤、被踢伤，体操运动中人体与器械撞击或被器械击伤等，都可能引起局部和深层组织的挫伤。最常见的挫伤部位是大腿和小腿。一般的处理方式为，尽快进行局部冷敷、加压包扎、抬高伤肢并休息。较轻的挫伤可外敷一号新伤药或安福消肿膏。股四头肌和腓肠肌挫伤时，应注意严密观察，若出血较多，肿胀不断发展或肿胀而影响血液循环时，应将伤员送往医院手术治疗，取出血块，结扎出血的血管。

2. 肌肉肌腱拉伤

由于肌肉主动的猛烈收缩,其收缩力超过了肌肉本身所承担的能力,或肌肉受力牵伸时,超过了肌肉本身特有的伸展程度,均可引起肌肉拉伤。由于致伤力的大小和作用性质不同,可引起肌肉、肌腱部分纤维断裂、完全断裂或微细损伤的积累。除肌肉本身的拉伤外,常可同时合并肌肉周围的辅助结构如筋膜、腱鞘和滑囊的损伤。首先应使用止痛喷雾剂帮助运动员止痛,同时快速送至医院就医处理伤情。

3. 关节韧带扭伤

由间接外力所致,即在外力作用下,使关节发生超常范围的活动而造成。轻者发生韧带部分纤维的断裂,重者则韧带纤维完全断裂,引起关节半脱位或完全脱位,同时可合并关节囊滑膜和软骨损伤。处理方式是保护受伤部位的稳定性,然后现场止痛并紧急送至医务室或医院处理。

(二)开放性损伤

1. 擦伤

擦伤是皮肤受到外力摩擦所致,皮肤被擦破出血或有组织液渗出。创口浅、面积小的擦伤,可用生理盐水或凉开水洗净创口,周围用75%的酒精进行伤口的杀菌处理,并在创口上涂抹红汞或紫药水,不用包扎。但是如果擦伤面积较大,伤口较深则不宜紫药水涂抹,应先用生理盐水冲洗伤口,将异物洗净,用75%的酒精杀菌后做止血处理;关节附近的擦伤也不宜使用暴露疗法,以免皮肤干裂而影响关节运动。用凡士林纱条覆盖创面或撒上消炎粉,再用消毒敷料覆盖并包扎。

2. 撕裂伤

皮肤撕裂伤多发生于头部,尤以额部和面部较多见,如篮球运动中眉弓部被他人肘部碰撞,引起眉际皮肤撕裂。若撕裂伤口小,经止血、消毒处理后,可用粘膏粘合;伤口较大则需缝合,送至医务室紧急处理。

3. 刺伤和切伤

田径运动中被钉鞋或标枪刺伤,冬季滑冰时被冰刀切伤,其处理方法基本上与撕裂伤相同。凡被不洁物致伤且创口小而深时,应注射破伤风抗毒素。

（三）低血糖

血糖是葡萄糖在体内的运输形式,也是细胞,尤其是脑细胞能量的主要来源。当体内血糖低于正常生理要求时,会出现一系列症状,称低血糖症。低血糖症是一个综合征,虽病因不同,但具有共同的临床症状。脑细胞需直接从血糖获得营养和能量,因此大脑对低血糖极为敏感。当机体出现症状较低的血糖时,会出现饥饿感及头晕、眼花、面色苍白、出冷汗、心慌、乏力等症状。严重者神志模糊,思维、语言迟钝,步态不稳,视物不清,甚至出现精神错乱、狂躁易怒、肌肉颤动,以致昏迷等症状。常见的处理方法是,让运动员平卧休息,口服少量含糖流质饮食,症状短时间便可消除。如果症状较严重,应迅速静脉注射50%葡萄糖40～100毫升,同时点掐人中、涌泉、合谷等穴,配合双下肢按摩,并迅速请医生前来处理。

（四）运动中腹痛

腹痛是运动员运动中常见的症状,成因有多种情况,一般是在运动过程中或运动结束时发生。

1. 病因与发病机理

常见的发病机理包括肝脾淤血、运动准备活动不充足、心肌能力低下以及运动中呼吸动作的协调性较差等。比如,当运动员在剧烈运动前准备活动不充分时,会影响全身各系统器官的机能活动,尤其是循环系统功能的低下,心肌收缩力较弱,使静脉回血量减少。如果运动中呼吸不协调,比如呼吸急促且表浅,导致胸内压上升,影响腔静脉回流,同样可造成肝脾淤血。或者是由于胃肠道痉挛或胃肠功能紊乱等,使胃肠壁及肠系膜上的神经受到牵扯而产生腹痛。

2. 处理方法

出现腹痛时应适当减慢速度,首先进行深呼吸调整呼吸的节奏,同时用手按压疼痛的部位或弯腰跑一段,做几次深呼吸,疼痛可得到缓解。如效果不理想应立即停止运动,点掐内关穴、足三里或请医生处理。

(五) 肌肉痉挛

肌肉痉挛是肌肉不自主的强直性收缩,俗称抽筋。最常发生抽筋的肌肉是小腿的腓肠肌和足底的屈趾肌。一般的处理方法是牵引痉挛的肌肉可立即缓解症状。例如,当小腿的腓肠肌痉挛时,以坐位或仰卧位伸直膝关节,缓慢用力地将足部背伸。如果是屈趾肌痉挛同样用手牵引使脚背弓。需要注意的是,牵引过程中用力要轻缓,不要用暴力、蛮力,以防肌肉拉伤。

如果是在游泳过程中发生了肌肉痉挛,首先深吸一口气后仰浮于水面,然后采用同样方法对痉挛的肌肉进行牵引。待肌肉的痉挛得以缓解后,应立即上岸休息,并注意保暖。

(六) 冻伤

运动中的冻伤多见于冰雪项目的运动员,以局部冻伤为常见,多发生在手、脚、耳廓、鼻尖等处。这是由于外界温度过低,机体长时间受到寒冷的刺激,且机体疲劳、局部静止不动及体温调节功能障碍等因素所致。冻伤起初表现为局部红斑或青紫色肿块,触之冰冷、压之褪色。此时如注意保暖,损害可数日消退。对冻伤部位进行保暖,用温水湿敷,做轻按摩。患处用冻疮软膏揉搽,有溃疡处用 5% 硼酸水洗。严重病变应送医院治疗。

参考文献

[1] 肖涛,孔祥宁,王晨宇.运动训练学[M].重庆：重庆大学出版社,2016.

[2] 牛映雪,鹿国晖.体育保健与运动康复技术[M].北京：化学工业出版社,2016.

[3] 王向宏.体能训练理论与方法[M].北京：北京航空航天大学出版社,2014.

[4] 赵琦.体能训练理论与方法[M].南京：东南大学出版社,2017.

[5] 曾理,曾洪林.高校体能训练理论与训练教学指南[M].北京：新华出版社,2018.

[6] 王成科.青少年功能性训练与运动康复研究[M].北京：中国书籍出版社,2021.

[7] 曹青军.运动训练理论与实践[M].北京：北京理工大学出版社,2010.

[8] 胡亦海.竞技运动训练理论与方法[M].北京：人民体育出版社,2014.

[9] 吴家荣.以比赛为中心：法国青少年足球训练实践与理念[J].河北体育学院学报,2022,36（3）：65-71.

[10] 周梅芳.大学体育运动与康复训练研究[M].西安：西安交通大学出版社,2017.

[11] 张皖晰.体育运动损伤与康复训练研究[M].成都：电子科技大学出版,2018.

[12]（英）利.布兰登著；（南非）詹姆斯.柏伦奇绘,王震宇,司佳卉译.运动损伤解剖学康复训练[M]北京：人民邮电出版社,2017.

[13] 梁新阳.青少年运动员体能训练理念与方法[C]//.第八届中国体能高峰论坛暨第二届中国体能训练年会专题口头汇报论文集.[出版

者不详],2021:285-291.

[14] 汪云星.大学体育运动康复训练方法研究[M].天津:天津科学技术出版社,2017.

[15] 何文革.体育训练与康复研究[M].石家庄:润北人民出版社,2018.

[16] 周多奇.体育康复训练概论.[M].青岛:中国海洋大学出版社,2018.

[17] 邱军.运动损伤的预防与康复[M].北京:人民体育出版社,2006.

[18] 陈小平.竞技运动训练实践发展的理论思考[M].北京:北京体育大学出版社,2008.

[19] 刘青.运动训练管理教程[M].北京:人民体育出版社,2007.

[20] 明君,郑丽,范锐.运动训练管理学[M].哈尔滨:哈尔滨地图出版社,2008.

[21] 梁智恒,孙丽波,鞠复金.运动训练原理与实践[M].哈尔滨:东北林业大学出版社,2008.

[22] 孙登科.运动训练学[M].北京:北京体育大学出版社,2006.

[23] 杨桦,李宗浩,池建.运动训练学导论[M].北京:北京体育大学出版社,2007.

[24] 马冬梅.运动训练学基础[M].北京:北京体育大学出版社,2005.

[25] 王家宏,姚辉洲.运动训练[M].桂林:广西师范大学出版社,2009.

[26] (美)图德·邦帕,(美)格雷戈里·哈夫著,李少丹,李艳翎译.周期运动训练理论与方法[M].北京:北京体育大学出版社,2011.

[27] 张忠秋.优秀运动员心理训练实用指南[M].北京:人民体育出版社,2007.

[28] 张威伟."以球员为中心"视角下英国青少年足球训练理念的解读与启示[C]//.第十二届全国体育科学大会论文摘要汇编——墙报交流(运动训练分会).[出版者不详],2022:408-410.

[29] 胡亦海.竞技运动训练理论与方法[M].武汉:湖北人民出版社,2005.

[30] 全国体育院校教材委员会.运动训练学[M].北京:人民体育出

版社,2000.

[31] 张新华.试论运动康复训练原则体系[J].齐齐哈尔大学学报(哲学社会科学版),2009(6):172-173.